Antonio Raimondi
Rocco Raimondi

Valhalla
L'aldilà degli eroi vichinghi

All rights reserved.
No part of this publication may be reproduced, stored in a retrieval system, or transmitted, in any form or by any means, electronic, mechanical, photocopying, recording or otherwise, without the prior permission of the publishers.

Antonio Raimondi
Rocco Raimondi

"Valhalla: L'aldilà degli eroi vichinghi"

ISBN 9798852910660

Italy, 2023

About the authors:

Dr. Antonio Raimondi (Master's Degree in European History and Civilization)

Dr. Rocco Raimondi (Master's Degree in European History and Civilization)

Prologo

Le divinità predominanti al tempo dei Vichinghi erano senza dubbio gli Asi, la cui supremazia fu stabilita tuttavia dopo che essi ebbero mosso guerra alla stirpe divina dei Vani, con i quali conclusero un patto sacro che portò a una sorta di integrazione.

Secondo Snorri, essi vivevano originariamente in Asia (Asíá in antico nordico) e di lì s'erano mossi al seguito del loro capo Odino verso le terre del Nord, stabilendosi in Svezia (Svíþjóð). Loro patria d'origine era Ásaland, «terra degli Asi», nominata pure Ásaheimr, «Paese degli Asi», luogo dove si trovava la fortezza di Ásgarðr, «recinto degli Asi», che lo studioso identifica curiosamente con Troia.

Secondo il racconto della *Saga degli Ynglingar*, Ásgarðr era luogo di solenni sacrifici cui presiedevano dodici sacerdoti (detti *díar* o *drótnar*) che erano al contempo i capi preminenti ai quali spettavano le decisioni e i giudizi. Essi sarebbero poi stati divinizzati dai loro sudditi; di Odino in particolare si dice che, sentendosi prossimo a morire, lasciò la Svezia affermando che sarebbe tornato alla sua antica patria (detta anche Goðheimr, «Paese degli dèi») e i suoi seguaci credettero da allora che egli fosse tornato all'antico Ásgarðr per vivere in eterno.

Nel racconto dell'*Edda* prosastica, Ásgarðr è invece una fortezza celeste, al centro del mondo, che gli dèi hanno costruito per dimorarvi con le proprie famiglie, restando al riparo dagli attacchi dei giganti, loro mortali nemici. In Ásgarðr, cui si accede transitando sul ponte dell'arcobaleno Bifröst, si trova il tempio d'oro detto Glaðsheimr così come tutte le dimore degli dèi e delle dee. Ivi si trova anche Hliðskjálf, trono di Odino; nel suo centro c'è Iðavöllr, dove vivranno gli dèi del ciclo che sostituirà quello presente.

Ásgarðr, il cui muro fu abbattuto durante il conflitto fra gli Asi e i Vani, rimane sotto la costante minaccia dei giganti. Esso è stato perciò costruito lontano dal loro Paese e deve avere un recinto possente e sicuro.

Ásgrindr è il nome del «cancello degli Asi», limite che i giganti non devono valicare.

Il sovrapporsi degli Asi ai Vani (ché, nonostante il patto con cui la guerra si conclude, la supremazia dei primi risulta poi chiaramente sottolineata) è forse l'indizio del sovrapporsi di una cultura e una religione nuove su quelle antiche.

Gli Asi, dèi supremi che governano il mondo, ci appaiono come i veri potenti, i vincitori, i trionfanti signori del cielo, e pertanto le principali divinità dei Vani che hanno voluto mantenere una posizione di prestigio hanno dovuto sottoporsi a un rito di consacrazione per essere accettate nel novero degli Asi: ad esempio, il dio

Njörðr, una volta entrato a far parte degli Asi, dovette rinunciare alle nozze endogamiche con la sorella, tralasciando un costume proprio dei Vani.

Malgrado la posizione privilegiata che occupano nel pantheon nordico, neppure gli dèi degli Asi sono definibili con assoluta certezza, poiché pure nel loro caso il quadro che abbiamo di fronte è un quadro dinamico: in esso figure come Ullr e Týr, che dovettero un tempo occupare una posizione di rilievo, restano ora sullo sfondo; mentre dèi presumibilmente antichissimi come Heimdallr convivono con figure come Baldr e Bragi, dei quali il primo deve forse la propria importanza a probabili strette affinità con Cristo e il secondo (il dio della poesia) pare essere poco più della recente divinizzazione di uno scaldo norvegese vissuto nel IX secolo.

Neanche la situazione di figure preminenti quali Odino o Thor è comunque totalmente definita: poiché se nel primo taluni riconoscono sicure origini indoeuropee, altri lo considerano invece un'apparizione recente e, quanto al secondo, la sua figura racchiude in sé una serie di peculiarità, quali quella di dio della forza, dio del tuono, dio della fecondità, non sempre coerenti né omogenee.

Emblematica risulta pure la figura di Loki, una sorta di Lucifero nordico il quale, sebbene appartenente alla stirpe degli Asi e spesso loro unico soccorritore, sarà tuttavia anche la causa delle peggiori sciagure degli dèi e degli uomini.

Né, infine, sono del tutto lineari le figure di quelle

divinità vaniche come Njörðr e i suoi figli Freyr e Freyja, accettati nel novero degli Asi e dunque divenuti dèi supremi. Njörðr, dio della ricchezza e dell'opulenza, è etimologicamente identico alla dea Nerthus, di cui Tacito fa menzione, ma il suo cambiamento di sesso rimane un mistero irrisolto; Freyr, il cui culto dovette pian piano offuscare quello del padre, è da identificare verosimilmente con Fricco, la cui immagine, assieme a quelle di Odino e di Thor, era venerata, secondo Adamo da Brema, nel grande tempio di Uppsala. Il suo nome è un appellativo che significa «Signore»; «Signora» è invece Freyja, divinità lasciva che presiede alle faccende d'amore, maestra di magia presso gli Asi e divenuta tanto potente da oscurare Frigg, la sposa di Odino.

Il regno dei morti va in primis individuato in Hel, dove, secondo Snorri, vengono accolti coloro che muoiono di malattia o di vecchiaia; secondo altre fonti però vi si possono trovare anche coloro che cadono nel corso di scontri o combattimenti. Sempre secondo Snorri, influenzato probabilmente da una visione cristiana, vi saranno radunati i malvagi che di là andranno verso Niflhel, che sta sotto nel nono mondo.

Particolarmente interessante è la notizia che si trova in una saga dove si parla delle «scarpe di Hel» (helskór), che vengono infilate agli uomini allorché devono intraprendere il viaggio verso quel luogo (è probabile che ai morti fossero messe scarpe pesanti e dalle suole spesse per compiere il lungo viaggio verso il regno degli inferi, impedendo al contempo che tornassero indietro come fantasmi).

Un altro regno dei morti è la Valhalla (in italiano «il Valhalla», nordico *Valhöll* «aula dei prescelti») descritta in diverse fonti. Effettivamente l'espressione «essere ospiti nella Valhalla» equivale a «morire».

Nella *saga di Njáll* è riferito che, dopo la morte di Gunnarr di Hlíðarendi, suo figlio di nome Högni aveva preso la lancia del padre nonostante Rannveig, madre di Gunnarr, avesse proibito a chiunque di toccarla. L'arma aveva emesso un suono forte. Al rimprovero della nonna, Högni aveva opposto la sua intenzione di portarla al padre perché potesse averla con sé nel Valhalla all'assemblea delle armi, cioè nei combattimenti quotidiani in cui sono impegnati anche dopo morti gli Einherjar, ossia i guerrieri di Odino. Costoro, il cui nome significa «[coloro che] combattono da soli» o «[coloro che] costituiscono un esercito», sono presumibilmente il corrispettivo di quel *feralis exercitus* degli Harii di cui parla Tacito (la notazione di Snorri, secondo cui ogni giorno gli Einherjar indossano le armature, combattono fra loro uccidendosi a vicenda e rinascono poi per tornare nel Valhalla, è probabilmentee la versione più antica del mito dell'eterna battaglia).

Essi sono verosimilmente la schiera dei morti che ritorna al seguito del suo capo e si manifesta ai vivi in periodi specifici dell'anno (in relazione a ciò Odino è detto Herjan «[signore dell']esercito» o anche Herjaföðr «padre dell'esercito»).

Se i morti di malattia e di vecchiaia vanno in Hel e i guerrieri nel Valhalla (una metà va nel Fólkvangr, «campo del popolo» o «campo di battaglia», dimora di Freyja, dea della fecondità, la quale sceglie ogni giorno la metà dei caduti in battaglia e l'altra spetta a Odino, come risulta dal *Dialogo di Grímnir*), è la gigantessa Rán, moglie del gigante-dio del mare Ægir, che accoglie quelli che muoiono annegati. Rán possiede una rete con cui raccoglie i cadaveri. Nella sua figura si esprime la simbologia del mare come regno infero, in contrapposizione alla terra e sede di forze oscure e pericolose. Di alcuni uomini annegati è riferito che erano apparsi al proprio funerale: questo era considerato segno che essi erano stati bene accolti da Rán.

Lo scaldo Sneglu Halli usa l'espressione «dimorare presso Rán» (sitja at Ránar) con il senso di «essere morto». L'immagine del mare come dimora di forze oscure e di defunti dovette essere particolarmente efficace per dei navigatori come i Vichinghi. La personificazione dei pericoli del mare si ha anche laddove si dice che coloro che s'imbattono in una tempesta sono messi a dura prova dalle figlie di Rán (le onde) che li invitano presso di sé. Un'immagine dell'aldilà pare essere pure Glœsisvellir (o Glasisvellir) «campi luminosi» o «campi di vetro», regno del mitico re Goðmundr (Islanda); a tal proposito, la *Saga di Erik Gran Viaggiatore* (*EirV passim*) narra la storia di Erik, figlio di un re norvegese, il quale aveva fatto giuramento di viaggiare per tutto il mondo per vedere se gli fosse riuscito di trovare «il luogo che i pagani chiamano Údáinsakr e i cristiani terra dei viventi o Paradiso».

Questa parola (Glœsisvellir) si ritrova nel toponimo Glesaria, antico nome di un'isola così chiamata per la presenza dell'ambra e ricordata da Plinio nella sua *Naturalis Historia*. Il collegamento è indubbiamente anche con Glasir, il bosco luminoso che si trova davanti alle porte del Valhalla. La parola è connessa al latino germanico glesūm («ambra»), nordico gler («vetro»). Il riferimento è dunque ai morti come abitatori di montagne o isole di vetro, un concetto comune ad altre tradizioni (celtica, slava).

A una rappresentazione dell'aldilà influenzata da concezioni cristiane fanno verosimilmente riferimento altre immagini. Snorri parla di Nástrandir (o Náströnd) «spiaggia dei cadaveri», che descrive come un luogo lontano dal sole e un luogo di punizione per i morti malvivi. A un tormento nell'aldilà fa riferimento anche la *Predizione dell'indovina*, dove si dice che Níðhöggr (un serpe) strazierà i cadaveri dei morti. Qui va ricordato pure il nome Násheimr «mondo dei cadaveri» che si richiama verosimilmente a questa concezione.

Una dimora di gioia per gli uomini buoni e giusti costruita con oro sarà, invece, secondo Snorri, Sindri, forse «scintillante», che si trova su Niðafjöll (o Nidafjall) «montagne del [mondo] infero». Qui, tuttavia, siamo di fronte a un fraintendimento poiché nella *Predizione dell'indovina* Sindri è da intendere come un nano la cui stirpe possiede una sala dorata in Niðavellir «piana del [mondo] infero» (si ricordi, infatti, che le sale sotterranee dei nani sono un'ulteriore immagine dell'aldilà). Nella stessa fonte Niðafjöll è invece il luogo da cui proviene il serpe Niðhöggr, emblema delle forze demoniache.

«La prima età è chiamata Età della Cremazione; tutti i morti dovevano essere cremati, e venivano loro dedicate lapidi funerarie. Ma dopo che Freyr fu seppellito in un tumulo ad Uppsala, molti capi eressero tumuli e lapidi commemorative in memoria dei loro congiunti (...) Poi l'Età dei Tumuli iniziò in Danimarca; ciononostante, tra gli Svedesi e i Norvegesi l'Età della Cremazione continuò per lungo tempo»: questa è la descrizione fatta da Snorri nell'*Heimskringla* («L'Orbe Terrestre»), il quale scrive nella *Saga degli Ynglingar* che fu Odino a insegnare agli Svedesi a bruciare i propri morti.

Discostandosi dall'Odino che perisce nel Ragnarök, l'Odino svedese muore nel proprio letto e viene trafitto da una lancia (giacché è solo dopo la morte causata da un'arma che un uomo può sperare di entrare nel Valhalla) ed è bruciato su una pira, come egli desiderava.

Odino, dio dei guerrieri e delle genti più elevate socialmente (al contrario di Thor) potrebbe essere pertanto connesso alla pratica della cremazione, mentre l'inumazione, consuetudine probabilmente più umile, venne praticata solo successivamente.

Per quanto concerne l'inumazione, la relazione tra il dio

dei Vani, Freyr, e i tumuli si ritrova, oltre che nella *Saga degli Ynglingar*, pure in Saxo (il quale lo definisce uno dei personaggi più rilevanti di Uppsala) e in Islanda, dato che nella *Gísla Saga* (*Saga di Gísli*) vi è una descrizione di un adepto di Freyr così caro al dio che quest'ultimo «non volle neanche il ghiaccio tra loro» e quindi né ghiaccio né neve caddero mai sul suo tumulo.

La cerimonia di sepoltura in un tumulo è stata spesso descritta nelle *Íslendingasögur* (*Saghe degli Islandesi*), dove si sottolinea come i congiunti del defunto fossero obbligati a essere presenti al momento della chiusura del tumulo e a far ritorno poi a casa per le celebrazioni funebri. Il tumulo fungeva per il morto come una vera e propria dimora nella quale poter ancora godere dei propri beni: la consuetudine era quella di seppellire il morto con i suoi oggetti più preziosi, nella forma di argento o di altri tesori.

Nella *Laxdœla saga* (*Saga dei valligiani di Laxárdalr*) si narra di un tale, assai malvagio in vita, il quale prima di morire dispose che il suo cadavere fosse inumato in posizione eretta sotto la soglia per poter rimanere di guardia alla propria casa.

La ritualità del fuoco aveva un ruolo rilevante nella tomba (anche dopo che la cremazione fu abbandonata per dare spazio all'inumazione), come risulta, ad esempio, dal funerale di Baldr, uno dei più noti nelle fonti nordiche.

Il fuoco che per natura sale verso il cielo è veicolo di sublimazione: tale senso ha l'uso di cremare i cadaveri. Esso connette la terra al cielo anche là dove, sotto forma di fulmine, sia scagliato dall'alto. Il fuoco è qui la potenza del dio del tuono Thor (del quale si dice che aveva uno sguardo di fuoco), il quale era forse dunque connesso al culto della cremazione.

L'uso di rendere onore al defunto collocando il cadavere su una pira posta su una nave è testimoniato da diverse fonti. Si veda, ad esempio, la *Saga degli Ynglingar*, dove si parla del funerale del re vichingo Haki. L'uso della nave funeraria è menzionato anche da Saxo, il quale sostiene che le navi furono usate per alimentare le fiamme di un rogo funebre.

Nell'area germanica il collegamento è immediato con il resoconto del funerale di Beowulf e con quello di Scyld Scefing, messi in relazione con i rinvenimenti archeologici di Sutton Hoo (risalenti al VII secolo).

L'episodio della morte di Nanna che viene cremata sulla stessa pira dello sposo ricorda analoghi racconti dell'area nordica ed è altresì connesso al celebre racconto del funerale vichingo fatto da Ibn Faḍlān («Uno dei Rus' era al mio fianco e lo udii parlare con l'interprete che stava con lui. Domandai che cosa quello gli avesse detto. Rispose: 'Ha detto: "Voi Arabi siete pazzi"'. 'Perché?' domandai. Disse: 'Voi prendete colui che amate e onorate di più fra tutti e lo gettate nella terra e la terra e i serpi e i vermi lo divorano. Noi invece lo bruciamo in un attimo cosicché subito entri in paradiso'. E prese a ridere fragorosamente. Quando gli domandai il perché rispose: 'Il suo dio, per amor suo, ha mandato il vento per portarlo via in un'ora'. E in effetti non era trascorsa un'ora che la nave, il legname, la ragazza e il suo signore altro non erano che tizzoni e cenere»).

Anche Saxo ricorda due episodi di morte volontaria da parte di donne che non volevano sopravvivere al proprio uomo, come, ad esempio, Signe [Signý] che incapace di vivere senza Hagbarthus [Hagbarðr] si uccise con le sue ancelle.

La consuetudine doveva essere ben nota, come risulta pure dal racconto relativo a Sigríðr l'Ardita, la quale abbandonò il re Erik il Vittorioso suo sposo, perché non voleva morire con lui; il caso di un uomo che volle seguire l'amata nel regno infero è quello di Sigurðr Anello, il quale alla morte di Álfsól fece allestire un solenne funerale su una nave, poi ordinò che fosse incendiata e vi salì sopra poiché preferiva andare a trovare Odino piuttosto che sopportare la malattia e la vecchiaia. Egli stesso guidò la nave verso la dimora del dio. Taluni tuttavia dicono che egli si trafisse con la spada prima di prendere il mare.

Al valore sociale e simbolico della nave si allude là dove si parla di un giuramento fatto sul bordo dell'imbarcazione.

La nave, intesa come evidente emblema della possibilità di affrontare il mare, che rispetto alla terra rappresenta un «altro mondo» in cui la materia ha conservato aspetto informe e disordinato e nel quale dimorano perciò molte forze oscure e talora i defunti, diviene lo strumento che permette di avventurarvisi con il minor rischio possibile conservando al contempo la propria identità e distinzione.

Essa, come mezzo che consente all'uomo il viaggio in un «altro mondo», è anche bersaglio delle forze oscure che vogliono sopraffare chi si è introdotto nelle loro dimore. In tal senso va letto il riferimento alle streghe che distruggono la nave del dio Thor, così come quello a Hrímgerðr, figlia di un gigante, la quale tenta di affondare la flotta dell'eroe Helgi. Opportuna sarà dunque una magia che sappia contrastare queste forze.

Connesse a questa simbologia sono, evidentemente, le numerose navi funerarie. All'età del bronzo risalgono diverse sepolture, con le pietre disposte in forma di nave, che si ritrovano a esempio in Gotland o in Öland (Svezia). Famose sono inoltre le vere e proprie «navi funerarie» dell'età vichinga, quali i celebri reperti archeologici di Oseberg e Gokstad in Vestfold, Norvegia, entrambi risalenti al IX secolo.

La nave funeraria per antonomasia menzionata nel mito è indubbiamente Hringhorni «[che ha] un anello sul dritto di poppa», sulla quale fu posto il cadavere del dio Baldr. Legata palesemente al mondo infero è la nave Naglfar (la più grande che ci sia) che si trova in Muspell. Essa è fatta con le unghie dei morti, pertanto si presta particolare attenzione se un uomo muore con le unghie non tagliate, perché costui porta molto materiale per questa nave che gli uomini e gli dèi vogliono si costruisca lentamente. Infatti, quando Naglfar (o Naglfari) «nave di unghie» o «nave dei cadaveri» sarà pronta, arriverà la fine del mondo. Naglfar, guidata dal gigante Hrymr, procederà nel mare tempestoso e su di essa avanzeranno con Loki tutte le forze malvagie verso la battaglia finale con gli dèi.

Questa nave incarna l'identità spaventosa delle forze del male che sorgono dal regno del buio e del caos. L'immagine ricorda quella, contraria, della famiglia del gigante Bergelmir, che alle origini si sottrasse agli dèi fuggendo su un'imbarcazione.

Un'altra celebre nave è Skíðblaðnir «[fatta di] pezzi di legno piccoli e sottili». Essa è la migliore fra le navi e appartiene a Freyr (in una fonte tuttavia è attribuita a Odino). Costruita dai nani figli di Ívaldi, questa imbarcazione può viaggiare in tutti i mondi e può ospitare tutti gli dèi in assetto di guerra; quando altresì non se ne abbia bisogno, la si può piegare come una tovaglia e riporre in una borsa. Per il suo legame col dio della fecondità, essa è verosimilmente connessa alle numerose navi cultuali che si ritrovano nelle incisioni rupestri dell'età del bronzo (spesso con accanto o sopra dischi solari o alberi) e sembra quindi legata ai culti della vegetazione di cui Freyr è patrono.

Il viaggio per mare rappresenterebbe una sorta di processione, il transito nel mondo infero da cui si trae nuova forza vitale (così il sole pare scendere al tramonto nelle profondità marine per riemergerne all'alba). Skíðblaðnir rappresenta, tuttavia, pure il potere degli dèi sui diversi «mondi», come risulta dall'allusione alla sua capacità di contenere tutti gli dèi in assetto di guerra e dalla notazione che, non appena la vela è levata, un vento la spinge ovunque si voglia andare.

Hel

Delle rune dei giganti e di tutti gli dèi
io posso dire il vero,
poiché per tutta la terra ho viaggiato;
per i nove mondi andai giù fino a Niflhel,
dove vanno a stare i morti di Hel.
Vafthrudhnismál, 43

Nella mitologia nordica la più vetusta concezione del regno dei morti era probabilmente rappresentata da Hel, che solamente più tardi sarebbe diventato il luogo dove confluivano coloro che non erano morti in battaglia e che, perciò, non potevano accedere al Valhalla. Dal termine germanico Halja ("Luogo del nascondiglio"), esso è chiamato pure Niflhel o Niflheimr, "Casa della nebbia".

Hel e Valhalla, anche se restano quelli più conosciuti, non sono comunque i due principali mondi dopo la morte.

In Hel abitano non solo coloro che non sono stati scelti per il Valhalla, ma vi dimorano i malvagi, gli adulteri, gli spergiuri e gli assassini, destinati a rimanervi in tristi condizioni fino al Ragnarök, quando affiancheranno le forze che si scateneranno contro gli dèi. Non è chiaro, comunque, se l'uso di uno dei tre nomi – Hel, Niflhel,

Niflheimr – implichi qualche differenza, ma si può tuttavia affermare che Hel è il nome generico delle regioni infernali, mentre gli altri due parrebbero indicare diversi gradi di profondità verso gli inferi. Da questa regione, su cui governa, prese il nome la regina degli inferi, figlia di Loki, il più malvagio e ambiguo degli dèi.

Vi era in Jötunheimr una gigantessa di nome Angrboða, la quale dal malvagio dio Loki ebbe tre figli. Il primo era il lupo Fenrir (emblema di forza selvaggia, oscura e pericolosa, e il cui nome significa presumibilmente «lupo irsuto che vive nella brughiera» o «lupo di palude», e che è destinato a combattere con Odino nell'ultimo giorno e a ucciderlo), il secondo il serpe di Miðgarðr, la terza Hel. Quando gli dèi vennero a sapere che in Jötunheimr venivano allevati questi tre fratelli, consultarono le profezie e seppero così che costoro avrebbero portato sfortuna e gravi danni. Essi compresero allora, considerando anche di che razza erano i genitori, che un pericolo immane si preannunciava per il mondo.

Perciò Alföðr («Padre di tutti», ossia Odino) mandò a prelevare questi tre fratelli e li fece condurre da lui. Quando furono al suo cospetto, egli gettò il serpente negli abissi del mare, dove ora giace abbracciando nelle sue spire tutta la terra; infatti crebbe a tal punto in lunghezza che, girando intorno alla terra, riesce a stringere tra le mascelle la punta della sua coda. Poi Odino mandò Hel nell'infimo dei mondi, in Niflheimr, le diede potere sui nove mondi e stabilì che dividesse il cibo con coloro che le vengono mandati, cioè i morti per vecchiaia o malattia. Laggiù ella possiede una grande dimora circondata da un muro possente e con cancelli assai robusti. Il palazzo si chiama Éljúðnir, («Bagnato dalla pioggia») Hungr («Fame») il piatto, Sulltr («Carestia») il coltello, Ganglati («Pigro nell'andare») e Ganglöt («Pigra nell'andare») sono il servo e la serva, Fallanda forað («Luogo pericoloso per cadere») la soglia, Kör («Letto di malattia») il letto, Blíkjanda böl («Barlumi di sventura») gli ornamenti.

Hel è facile da riconoscere poiché la sua carnagione è per metà livida e per metà normale; inoltre è piuttosto severa e feroce. In seguito, gli dèi si portarono a casa il lupo Fenrir; ma non sapevano che farne, dato pure che cresceva sempre di più e Týr era l'unico che avesse il coraggio di avvicinarlo per dargli da mangiare. Infine gli dèi, vedendo che diveniva grosso oltremisura e considerando che tutte le profezie lo dicevano destinato a essere causa della loro sciagura, decisero di incatenarlo. Prepararono quindi una catena robustissima di nome Lœðingr («Lenza» o «ciò che lega con arguzia») e proposero al lupo di farsi legare per misurare la propria forza. Il lupo si lasciò legare, e non appena si sforzò, la catena si ruppe. Gli dèi prepararono allora un'altra catena ancora più robusta della prima di nome Drómi («Catena» o «ciò che frena») e invitarono il lupo a cimentarsi con quella. Per invogliarlo dissero che sarebbe divenuto celebre se una catena fatta con tanta abilità non fosse bastata a tenerlo legato. Il lupo valutò la cosa: alla fine si lasciò incatenare. Questa volta dovette sforzarsi al massimo, tuttavia si scosse, batté la catena sul terreno e puntò le zampe, così alla fine Drómi andò in frantumi e i frammenti schizzarono lontano. Da allora è nata l'espressione «sciogliere da Lœðingr» o «liberare da Dromi», quando si impiegano tutte le forze per superare un ostacolo.

Gli Asi cominciarono a temere che non sarebbero riusciti a legare il lupo. Allora Skírnir, servitore di Freyr, fu mandato in Svartálfaheimr («Paese degli elfi neri») alla ricerca di certi nani e fece preparare da loro una catena magica di nome Gleipnir («Che beffeggia»), per essa furono usati questi ingredienti: rumore di gatto che cammina, barba di donna, radici di montagna, tendini di orso, respiro di pesce e sputo (o latte) di uccello. Gleipnir era liscia e soffice come un nastro di seta, ma al contempo eccezionalmente robusta. Quando la ebbero tra le mani, gli dèi ringraziarono il messaggero, successivamente si recarono su un'isoletta di nome Lyngvi che si trova nel lago Ámsvartnir e convocarono il lupo. Gli mostrarono il nastro di seta e gli proposero di cimentarsi come già fatto precedentemente, aggiungendo tuttavia che era un po' più robusto di quanto sembrasse. Per convincerlo, se lo passavano di mano in mano tirandolo con forza: esso però non si rompeva. Tuttavia affermavano che Fenrir avrebbe saputo strapparlo. Il lupo sospettava un inganno, perciò disse: «Mi pare che non otterrò grande fama a spezzare un nastro così fine. Ma se fosse fatto con inganno e astuzia, sebbene sembri sottile, allora non mi farò legare». Gli dèi ribatterono che dopo aver spezzato catene tanto possenti egli avrebbe immediatamente strappato un nastro simile, «tuttavia non devi temere alcun inganno», aggiunsero, «perché se non dovessi riuscire noi ti scioglieremmo». Il lupo rispose: «Se voi mi legate, così che io non possa liberarmi, e poi mi abbandonate, solo tardi o forse mai avrò aiuto da parte vostra. Non ho voglia di farmi legare. Tuttavia, piuttosto che mi accusiate di scarso coraggio, uno di voi ponga la sua mano nella mia bocca come garanzia del fatto che agite correttamente». Allora Týr stese la mano destra e la pose nelle fauci del lupo. Fenrir fu così legato, ma quando cercò di liberarsi il nastro si strinse e quanto più forte quello lottava tanto più saldo si faceva il legame. Allora risero tutti tranne Týr, che infatti perse la mano, e per questo da allora è detto dio monco. Quando il lupo fu legato saldamente, gli dèi presero la cima che spuntava dalla catena e che si chiama Gelgja («Palo» o «piccolo pezzo di legno») e la tirarono attraverso un grande masso detto Gjöll («Largo» o «tagliente») che fu fissato sottoterra. Un'altra pietra detta Þviti («Pietra conficcata nel terreno») fu piantata ancor più profondamente nel terreno e fu usata come un picchetto: il lupo tentò di azzannarli, e allora gli conficcarono una spada nella bocca (l'impugnatura è contro la mascella inferiore e la punta contro quella superiore, perciò è costretto a tenere le fauci spalancate). Ulula terribilmente e dalla bocca gli scende una bava che forma il fiume detto

Van. Il lupo Fenrir resterà incatenato in questo modo fino al crepuscolo degli dèi.

Tale concetto personale del vocabolo "Hel" è sicuramente successivo a quello locale, di un luogo cioè che accoglie le anime dei trapassati, come l'Ade o l'Inferno: concetto comune a tutti i popoli germanici (gotico *halja*; antico nordico *hel*; anglosassone, *hell*; ant. alto ted. *hella*; ted. mod. *Hölle*) e che si ritrova in diverse espressioni pure nel settentrione, dove il concetto personale ha finito col prevalere. Alcuni caratteri di Hel, come l'insaziabilità e la spietatezza, ma anche i tormenti dell'inferno (immaginato come luogo di pena e di espiazione) sono concetti relativamente moderni, sviluppatisi con la diffusione delle idee cristiane; come, d'altronde, la parentela di Hel con Loki, cioè con il diavolo, fa ipotizzare che lo stesso concetto personale si sia formato sin dal principio sotto l'influenza delle stesse idee.

In Hel si entra attraverso la grotta chiamata Gnipahellir («Grotta della rupe»), una caverna buia situata in mezzo a voragini e il cui ingresso è sorvegliato dal cane infernale Garmr (che è forse un'immagine di Fenrir; il duello che esso combatte con Týr non sarebbe dunque che l'esito finale di una inimicizia nata quando il lupo aveva mozzato la mano del dio) il cui pelo sul petto è cosparso del sangue dei defunti che hanno provato a fuggire e che esso ha divorato.

Sotto una delle tre radici che si estendono sotto il frassino Yggdrasill, il migliore e il più imponente fra gli alberi (è ricordato nelle antiche storie come la sede più santa degli dèi, il luogo in cui essi ogni giorno tengono consiglio) da Hel si scende giù, attraverso un sentiero consumato da numerosi passaggi, fino a Niflhel, nel nono mondo, un luogo freddo e umido, ricco di piogge, tenebre e vapori. Qui, nell'«Hel nebbioso» e dunque «oscuro», secondo Snorri, saranno radunati i morti malvivi i quali, dovendovi scendere da Hel, subiranno, per così dire, una seconda morte, e vi dimorano, tra gli altri, i principi e i nobili che si sono distinti per una vita non retta ed anche le veggenti defunte, che attraverso la magia possono essere richiamate in vita per offrire ancora la loro profezia.

Sul confine di Hel vi è il fiume Gjöll («l'Urlante»), sul quale passa il ponte Gjallarbru, ricoperto di oro splendente. A guardia di questo ponte vi è una fanciulla di nome Modhgudhr, affinché nessun essere vivente possa attraversarlo. Al di là del ponte troviamo Nágrindr, il Cancello dei cadaveri, dove sta di guardia il gigante Hrimgrimnir («Cappuccio di gelo»), che si fa aiutare da creature chiamate Vilgemir, addette al castigo dei morti e che, sedute sulle radici degli alberi, servono loro urina di capra come bevanda. Luogo orrendo di punizione è Náströnd («Riva dei morti»), dimora lontana dal sole e con le porte rivolte verso nord; i muri e i tetti sono fatti con pelli di serpenti, il cui veleno gocciola dal camino e da cui si originano i fiumi melmosi che nell'ultimo giorno saranno guadati dagli spergiuri, dagli assassini e dai seduttori delle donne altrui, che per la loro condotta vengono costantemente sbranati dal drago Nidhöggr (Níðhöggr), serpe lucente di Niðafjöll, e da un lupo. Prima di raggiungere questa dimora, durante il loro tragitto, i morti subiscono diverse punizioni, una delle quali consiste nell'attraversare il fiume Slídhr («Il Terribile»), pieno di coltelli e di spade aguzze, che scende a oriente attraverso valli avvelenate. Lo stesso serpe Nidhöggr scende ogni giorno a valle dal fosco monte Nidhafjöll, trasportando sulle ali le vittime destinate a Náströnd. Verso questa spiaggia, attraversando la pianura Vigridhr, si dirigeranno i figli di Hel, nel Giudizio finale, a bordo della nave Naglfar, costruita con le unghie dei morti. Legato alle forze demoniache è senza dubbio anche Hrymr (o Hrymir), forse «gelato» o «risonante», colui che nell'ultimo giorno guiderà la nave Naglfar che condurrà le forze del male alla battaglia contro gli dèi.

I cani a guardia delle porte di Hel, in particolare Garmr, verranno liberati prima del Ragnarök e le sue porte e cancelli verranno spalancati, e sarà allora che alle sbarre di Hel si leverà il canto del gallo rosso-fuliggine (la qualità di rosso terrigno o fulvo accentua nella simbologia di questo colore l'aspetto nefasto ed eccessivo, facendone un simbolo legato al mondo infernale; per questo è detto di color «rosso fuliggine» (sótrauðr) il gallo che canta nel regno dei morti, così come ha simile colore, abbinato col nero (che è proprio del mondo infero), il lago in mezzo al quale, su un'isoletta, è imprigionato il lupo Fenrir che dovrà risvegliare i morti e radunarli nelle schiere di Loki contro i guerrieri del Valhalla.

Tyr und Fenrir.

VALHALLA

Gladsheim si chiama la quinta [dimora],
dove Valhalla, splendente d'oro, ampia si stende;
e là Odino, ogni giorno elegge, e si sceglie
gli eroi morti in guerra.
Grímnismál, 8

Odino è il dio supremo: padre di tutti, uomini e dèi. La sua sposa si chiama Frigg e da loro discende la stirpe degli Asi, che è potente e santa. Frigg possiede una dimora detta Fensalir. La dimora di Odino nel cielo si trova in Glaðsheimr e ha nome Valhalla. Egli possiede pure il luogo detto Válaskjálf, tutto rivestito d'argento puro: in quella sala sta il trono detto Hliðskjálf. Quando il dio è seduto in quel luogo può osservare di là tutti i mondi così come il comportamento di ogni uomo.

Odino è il dio più venerato dai guerrieri. Di lui si dice che è assai bello e nobile d'aspetto, piacevole nel conversare e favorevole agli amici. Ai nemici invece appare tremendo e funesto. Odino è maestro di ogni magia guerriera: sa ottundere le lame, paralizzare con lo sguardo, fermare il volo dei dardi o sciogliere le membra dai lacci. A lui spetta di concedere o negare la vittoria, perciò i suoi uomini ripongono in lui cieca fiducia.

A Odino sono consacrati taluni guerrieri detti, a motivo del loro vestire, «camicie d'orso» o «casacche di lupo»: costoro combattono in preda a una furia incontrollabile e si dice che non temono né il ferro né il fuoco. Per i guerrieri la vittoria o la morte in battaglia sono doni del dio ugualmente desiderabili, perciò egli è detto Sigföðr e Valföðr. Coloro che muoiono in combattimento vengono accolti nella dimora che ha nome Valhalla. Là essi si chiamano Einherjar.

Il Valhalla è un luogo assai maestoso e facile da riconoscere: i pilastri infatti sono aste di lancia, sul tetto, al posto delle tegole, vi sono scudi, le panche sono cosparse di corazze. Sopra vi è sospesa un'aquila, un lupo pende impiccato alla porta occidentale. È detto anche che le porte del Valhalla sono ben cinquecento e quaranta; tuttavia benché in quel luogo vi sia una grandissima folla, non è tanto difficile trovarvi posto quanto entrarvi. Il cancello del Valhalla si chiama Valgrind, ma ben pochi sanno come si apra il chiavistello; Goðvegr è forse la strada che ivi conduce.

Davanti all'ingresso del Valhalla c'è un bosco i cui alberi hanno foglie d'oro e che si chiama Glasir; a occidente cresce il vischio sempreverde che causerà la morte di Baldr. Colà vi sono delle divinità femminili che si chiamano valchirie: ogni giorno Odino le manda sul campo di battaglia per proteggere gli eroi o per recare loro il segno di morte. Le valchirie accompagnano i caduti nel

Valhalla e servono loro da bere la birra e l'idromele occupandosi dei servizi da tavola e dei boccali. L'idromele che sazia i guerrieri di Odino scorre dalle mammelle della capra Heiðrún che insieme a un cervo che ha nome Eikþyrnir bruca le foglie dell'albero cosmico.

Nel Valhalla si trova anche il cuoco Andhrimnir, che ha il compito di nutrire gli Einherjar. Ogni giorno egli cuoce nel calderone Eldhrimnir («fuligginoso per il fuoco») il maiale detto Sæhrímnir, e benché i guerrieri se ne cibino esso è di nuovo intero la sera. Odino siede nel Valhalla con gli eroi, ma il cibo preparato per lui egli lo dà a due lupi che si chiamano Gerí e Freki: a lui infatti è sufficiente il vino.

Egli possiede anche due corvi che si chiamano Huginn e Muninn. All'alba egli li manda in giro per il mondo, ma all'ora del pasto tornano da lui, vanno ad appollaiarsi sulle sue spalle e gli rivelano tutto ciò che hanno visto e udito. Perciò Odino è detto anche Hrafnagoð. Così recita un carme antico:

Huginn e Muninn volano ogni giorno
 intorno alla terra;
temo che Huginn non torni indietro,
benché tema di più per Muninn.

Gli Einherjar che stanno con Odino nel Valhalla si destano ogni giorno al canto di un gallo che ha nome Gullinkambi o Salgofnir. Poi essi escono all'aperto e combattono fra loro. Ripetendo l'esercizio della guerra, si uccidono a vicenda; tuttavia al momento del pasto tornano nel Valhalla e siedono a bere concordi e riconciliati. Così sarà, giorno dopo giorno, fino al crepuscolo degli dèi. Quando scoccherà quell'ora tutte le porte del Valhalla si apriranno ed essi ne usciranno per combattere al fianco di Odino la battaglia definitiva contro le forze del male. Per questo si dice che Odino vuole accanto a sé nella sua dimora tutti i più scelti fra gli eroi.

CREPUSCOLO DEGLI DÈI

Il sole si oscura, la terra sprofonda nel mare,
cadono dal cielo le stelle lucenti,
insieme infuriano fumo e fuoco
e le fiamme giocano in alto con lo stesso cielo.
Völuspá, 57

L'eternità non è che il continuo rinnovarsi dei cicli della vita. Il giorno in cui, come stabilito dal destino e per la corruzione delle genti umane, il precario equilibrio verrà interrotto, il male cosmico, insito e ben strutturato all'interno dell'attuale ordine e momentaneamente confinato e controllato dagli dèi, si libererà in tutta la sua violenza e determinerà il Ragnarök, o Crepuscolo degli dèi, ovvero la consumazione del tempo e dello spazio della nostra storia. Il mondo presente, nel quale l'insanabile conflitto dei contrari è sospeso in un difficile equilibrio, dovrà avere termine quando sarà colmata la misura di tempo che gli è concessa: allora le opposte potenze si affronteranno in una lotta definitiva che non potrà concludersi se non col reciproco annientamento. Solo dalla dualità ricomposta nell'unità rigeneratrice avrà origine una nuova separazione e, con essa, un nuovo ciclo.

E verrà un giorno la fine del mondo e allora si compirà il fato degli dèi.

In primis ci sarà un inverno terribile e spaventoso di nome Fimbulvetr: da ogni parte cadrà la neve vorticando, il freddo sarà intenso e i venti pungenti. Il sole non comparirà più. Tre inverni si susseguiranno e non ci saranno estati di mezzo. Poi verranno altri tre inverni durante i quali in tutto il mondo si scateneranno inimicizie e ovunque si combatteranno grandi battaglie: il fratello ucciderà l'altro fratello; e nessuno risparmierà il padre o il figlio nell'omicidio o nell'incesto. Segni potenti si manifesteranno nel cielo e sulla terra: il lupo Skoll ingoierà il sole – grave sciagura per gli uomini l'altro lupo, Hati, divorerà la luna e sarà grande rovina. Le stelle splendenti saranno cancellate dal firmamento.

Tutta la terra si scuoterà e così Jötunheimr, Paese dei giganti; molti saranno gli uomini che percorreranno il sentiero di Hel, l'aquila emetterà il suo grido divorando i cadaveri, le streghe saranno sconfitte, gemeranno i nani davanti alle dimore di pietra. I monti crolleranno, gli alberi saranno sradicati: allora ogni legame sarà spezzato.

Così saranno liberi i mostri cosmici: il lupo Fenrir e suo fratello, il serpe di Miðgarðr, che abbandonerà l'oceano e assalirà la terra facendo dilagare il mare sulle coste. Allora sarà sciolta anche la nave Naglfar che sta in Muspell: essa è stata costruita in tutte le epoche con le unghie dei morti. Su quella nave tutte le potenze del male verranno alla battaglia con gli dèi: il gigante Hrymr starà al timone.

Fenrir avanzerà con le fauci spalancate: la mascella superiore toccherà il cielo, quella inferiore la terra; ma le spalancherebbe di più se ci fosse spazio. Dagli occhi e dalle narici gli usciranno fiamme. Suo fratello, il serpe di Miðgarðr, gli sarà al fianco: soffierà tanto veleno che il cielo e la terra ne saranno contaminati. Garmr, il cane infernale, abbaierà davanti a Gnipahellir: anch'esso allora sarà libero.

In quel frastuono il cielo si fenderà e all'orizzonte comparirà Surtr, guardiano di Muspell, e con lui i figli di Muspell verranno. Surtr sarà il primo: davanti e dietro a lui divamperà il fuoco. Ottima è la sua spada e più luminosa del sole. Quando i figli di Muspell passeranno a cavallo su Bifröst, come era stato predetto, il ponte andrà in frantumi. Allora tutte le forze del male si raccoglieranno sulla piana che ha nome Vígríðr: essa misura cento miglia in tutte le direzioni. Là avverrà la battaglia definitiva. Ci saranno Fenrir, il serpe di Miðgarðr, Loki e Hrymr e con loro tutti i giganti del ghiaccio e tutti i compagni di Hel. La compagine formata dai figli di Muspell sarà sfolgorante. E quando accadranno questi eventi Heimdallr si ergerà e soffierà con potenza nel corno Gjaliarhorn: così desterà tutti gli dèi ed essi si recheranno a consiglio. Odino chiederà responsi oracolari alla testa di Mímir presso la fonte. Il frassino Yggdrasill comincerà a tremare dalle radici e niente sarà risparmiato dal terrore, né in cielo né in terra. Gli Asi indosseranno le loro armature; un gallo di nome Fjalarr chiamerà a raccolta i giganti, un altro di colore rosso fuliggine per le genti di Hel, un terzo detto Gullinkambi sveglierà gli Einherjar nel Valhalla: essi si uniranno agli dèi avanzando sul campo di battaglia. Per primo cavalcherà Odino con il capo cinto da un elmo d'oro e vestito di una splendida corazza, nella mano impugnerà la lancia Gungnir. Egli avanzerà contro il lupo Fenrir e si batterà con lui, il lupo però lo ingoierà e tale sarà la sua morte. Odino sarà tuttavia subito vendicato da Víðarr suo figlio. Costui avanzerà e con un piede schiaccerà la mascella inferiore del lupo; su quel piede indosserà la calzatura che tutte le epoche hanno contribuito a preparare: essa infatti è stata fatta con gli avanzi di cuoio che gli uomini tagliano via dall'alluce o dal calcagno. Il figlio di Odino afferrerà con una mano la mascella superiore di Fenrir e gli spezzerà le fauci; poi gli conficcherà una spada fino al cuore: in tal modo il mostro morirà. Thor, giunto alla battaglia al fianco di Odino, non potrà soccorrerlo: egli infatti dovrà combattere un duello senza quartiere con il serpe di Miðgarðr. Questa volta Thor riuscirà a ucciderlo; subito dopo però farà appena nove passi e crollerà a terra morto a causa del veleno che il serpe gli avrà soffiato addosso. Freyr combatterà contro Surtr e sarà lotta dura prima che egli cada; mancandogli la buona spada che aveva donato a Skírnir, morirà.

Il cane infernale Garmr, sciolto dai legami che lo trattenevano davanti a Gnipahellir, affronterà il dio Týr in un duello per entrambi mortale. Pure Loki e Heimdallr combatteranno e si uccideranno a vicenda. Alla fine Surtr appiccherà il fuoco alla terra e tutto il mondo divamperà. Tutto sarà distrutto tranne alcune dimore nelle quali saranno radunati i morti, da una parte i buoni, dall'altra i malvagi.

Il luogo migliore sarà Gimlé nel cielo; meravigliosa e ottima per le bevute degli dèi sarà la sala che si chiama Brimir e si trova in Ókólnir, e anche Sindri tutta d'oro rosso che si trova in Niðafjöll. Questi sono i luoghi dove dimoreranno i giusti. Lontano dal sole invece, a Náströnd, c'è una dimora assai grande e pessima. Ha le porte rivolte verso nord ed è fatta di dorsi di serpenti come una capanna intrecciata. Tutte le teste dei serpi sono rivolte all'interno e soffiano veleno, sicché lungo la sala scorrono fiumi di veleno che saranno guadati dagli spergiuri e dagli assassini. Peggio ancora tuttavia sarà in Hvergelmir: là Níðhöggr tormenterà i cadaveri dei morti. Ma quando il fuoco di Surtr, dopo aver consumato ogni cosa, sarà spento, una nuova era avrà inizio. Allora la terra riaffiorerà dalle acque del mare e tornerà a essere verde e bella e cresceranno piante che nessuno ha mai seminato.

Gli dèi sopravvissuti si raduneranno in Iðavöllr, là dove un tempo c'era Ásgarðr. Ci saranno Víðarr e Váli, figli di Odino, e con loro Móði e Magni, figli di Thor, che avranno ereditato il martello Mjöllnir. Baldr e Höðr torneranno da Hel e tutti insieme questi dèi siederanno a conversare ricordando le rune e gli eventi passati, il serpe di Miðgarðr e il lupo Fenrir. Tra l'erba troveranno le tavole d'oro appartenute agli Asi. A Hœnir toccherà l'incarico di trarre la sorte. Allora avrà inizio anche una nuova generazione umana. Mentre brucerà il fuoco di Surtr, infatti, due esseri umani troveranno rifugio nel bosco che è detto di Hoddmímir, nutrendosi di rugiada: costoro sono Lif e Lífþrasir e da loro nascerà una stirpe così potente che ripopolerà il mondo. Né mancherà al nuovo mondo un nuovo sole; è detto infatti che Sól prima di essere divorata dal lupo genererà una figlia: questa percorrerà i sentieri che furono di sua madre donando nuova luce e nuovo calore. Sulla piana tuttavia volerà tenebroso il drago Níðhöggr, serpe lucente di Niðafjöll, fra le piume i cadaveri.

Verso l'aldilà

Il destino è per i Vichinghi la forza che tutto sovrasta e alla quale nemmeno gli dèi sono capaci di sottrarsi.

Frigg, sposa di Odino, conosce tutto il destino, ma tuttavia non profeteggia e pertanto il suo silenzio potrebbe essere dovuto alla conoscenza della triste sorte del mondo, poiché l'esistenza inesorabile del fato è ripetuta quasi con ostinazione.

Il destino è detto in antico nordico ørlog, auðna, urðr, mjötuðr e sköp.

Ørlög (al sing., «fine») significa «destino», ma anche «morte», «battaglia» (occasione in cui spesso si compie un destino di morte); auðna è legato ad auðr «destino», «morte», «noma», o «donna» con riferimento all'immagine della donna sovrannaturale che tesse la trama della vita; urðr, che è altresì il nome di una delle tre norne, è connesso al verbo verða «divenire»; mjötuðr è corradicale di meta «misurare»; sköp è connesso a Skápa «creare», «ordinare», «disporre», ed esprime dunque l'idea che la sorte dell'essere origini nel momento stesso della creazione.

Il destino si dice sia affidato alle norne, che abitano presso la fonte sacra detta Urðarbrunnr («fonte del destino») ai piedi dell'albero cosmico, poiché tutto l'universo, pur nelle diverse manifestazioni, partecipa di un'unica vita: esso è come un grande albero che spinge le radici negli strati infimi dell'essere, ma protende inoltre i rami nelle regioni supreme del cielo; l'albero cosmico, sino al crepuscolo degli dèi, resterà saldo sulle possenti radici di cui nessuno conosce l'origine, produrrà frutti salutari e medicamentosi e non temerà né ferro né fuoco.

Le norne sono le dee del destino, incarnazione di un fato superiore e ineluttabile che tutto sovrasta. Nelle *þulur* si dice che le «Norne sono coloro che determinano la necessità». Rappresentano il legame tra l'uomo e il cosmo nelle differenti manifestazioni dell'esistenza.

Il mito conosce perciò norne buone e norne cattive, dal cui volere imperscrutabile e inappellabile dipende la sorte degli uomini. Questo concetto, espresso chiaramente da Snorri, si ritrova pure in Saxo. Alle norne alludono diversi passi della poesia eddica e scaldica, nei quali si fa riferimento soprattutto a norne ostili che stabiliscono un destino di sfortuna e di morte; tuttavia vi sono pure delle norne che accorrono alla culla di un eroe per preparargli una sorte felice.

L'iscrizione runica nella chiesa di legno (stavkirke) di Borgund (Sogn, Norvegia, XIII secolo) recita tra l'altro: «le norne fecero il buono e il cattivo, a me hanno recato un grande dolore». Un passo del *Dialogo di Fáfnir* precisa che le norne sono di diversa origine: talune appartengono alla stirpe degli Asi, altre a quella degli elfi, e altre ancora a quella dei Vani. Al loro potere sul destino è dovuta la ragione per cui sull'unghia della norna sono incise le rune.

Le norne appaiono dunque come un gruppo numeroso di divinità dal carattere indistinto, così come le valchirie con le quali hanno diversi punti in comune.

Snorri, tuttavia, come d'altronde già la *Predizione dell'indovina*, afferma in particolare di tre di loro che hanno dimora presso l'albero cosmico, accanto alla «fonte del destino»: Urðarbrunnr. Esse hanno il compito quotidiano di irrorare i rami dell'albero con acqua e argilla, affinché non secchino né marciscano. Le tre norne che dimorano presso l'albero cosmico (la cui immagine ricorda le parche della tradizione greca e le moire di quella celtica) hanno nome Urðr, Verðandi e Skuld.

Urðr è il «destino» stesso; Verðandi, la cui figura pare essere assai più tarda, trae il nome dal verbo verða «divenire» (dalla stessa radice anche Urðr). È dunque «ciò che diviene». Skuld, definita da Snorri «la norna più giovane», significa «debito», «colpa»; rappresenta perciò il compito che a ciascuno è affidato nella vita. Ella compare altrove come valchiria.

L'interpretazione di queste figure come immagine del passato, del presente e del futuro non pare molto lontana dal vero. Delle norne è detto anche che si recano presso ogni uomo che nasce per deciderne la sorte.

Il passo del *Dialogo di Fáfnir* secondo cui esse soccorrono le partorienti è probabilmente connesso a questo loro ruolo; il loro legame con le valchirie è riscontrabile non soltanto nella figura di Skuld, bensì anche là dove si dice che i lupi, animali che si nutrono di cadaveri (legati perciò alla simbologia della battaglia, momento in cui le valchirie stabiliscono un destino di vita o di morte), sono i «cani delle norne».

Il passo in cui si fa riferimento alle norne che compaiono in un sogno pauroso recando un presagio di morte ripete la simbologia della figura femminile mediatrice del destino, e allude inoltre alla «donna del sogno» (draumkona) infausta che appariva durante la notte al famoso fuorilegge Gísli Súrsson e lo tormentava con angosciose visioni (qui anche il più probabile significato del passo in cui si dice che le norne piangono sui cadaveri).

La credenza nelle norne, nata dalla fede fondamentale nel destino, fu certamente assai radicata. Nella *Saga di Alfredo Poeta turbolento* la venerazione per queste figure è indicata fra le consuetudini cui debbono rinunciare coloro che si convertono al cristianesimo. Dai sostenitori della nuova religione esse furono senza dubbio relegate fra gli esseri demoniaci e stregoneschi. Nella *Breve storia di Norna-Gestr* esse sono intese come maghe e indovine (spákonur), dato che il termine norna (norn, antico nordico) significa probabilmente «[colei che] bisbiglia [un segreto]».

Le valchirie sono, invece, le dee che stabiliscono il destino degli eroi nella battaglia, situazione estrema in cui è messo alla prova tutto il significato dell'esistenza.

Tale simbologia è espressa mirabilmente nella *Saga di*

Njáll, dove vi sono dodici misteriose tessitrici, che erano in realtà valchirie, le quali lavoravano a un telaio in cui la trama era costituita da intestini umani, i pesi da crani, la navetta da una freccia, il pettine da una spada. Immagine delle divinità femminili che «tessono» il destino dell'uomo, esse lavoravano recitando dei versi in cui era preannunciata la morte per i guerrieri.

La battaglia viene qui definita «tessitura di Dörruðr» (cioè «di Odino»). Il legame simbolico della battaglia con il destino è espresso anche nel termine nordico erlög, che ha entrambi questi significati: l'espressione orlög drýgja, riferita alle valchirie, significa tanto «suscitar battaglie» quanto «stabilir destini». È noto che per il guerriero nordico la morte in battaglia era una «scelta» fatta dal dio.

In nordico valkyrja è «[colei che] sceglie i caduti» (-kyrja su kjósa, «scegliere»; valr, «caduti»).

Le valchirie, si suggerisce in un verso, sono le «figlie adottive» (óskmeyjar) di Odino, le spose spirituali dell'eroe che dischiudono le porte del Valhalla. Esse possiedono e trasmettono i segreti celesti, sono simbolo dell'epifania del divino; per questo sono dette bianche e luminose, fanciulle del Sud che appaiono talora in aspetto di cigno. Per la loro qualità di divinità guerriere appaiono anche armate di tutto punto; è detto inoltre che spesso compaiono in schiere misurate da numeri simbolici.

La loro qualità divina emerge inoltre dal fatto che esse sanno cavalcare nell'aria e sull'acqua. Talune valchirie sono ricordate quali protettrici particolari di un eroe, come a esempio Sigrún «runa della vittoria», la valchiria che protegge l'eroe Helgi: in ella era reincarnata Sváva (o Sváfa), forse «[colei che] addormenta» (cioè «uccide»). Di lei e dell'eroe amato è detto che nacquero una terza volta ed ella ebbe nome Kára «[tempestosa come] il vento».

Nel mito del fabbro Völundr e dei suoi fratelli si narra che essi furono sposi di tre valchirie. Esse erano Hlaðguðr «valchiria («battaglia») [col capo cinto da] un nastro», detta Svanhvít «bianca [come un] cigno»; Hervör «protettrice dell'esercito» detta Alvitr «assai sapiente»; Ölrún «runa della birra». Esse rimasero con i loro sposi sette inverni, ma nell'ottavo soffrirono di nostalgia e nel nono volarono via per non tornare: in questo racconto è presente un tema consueto al motivo della sposa celeste.

Una valchiria che trasmette all'eroe la sapienza divina è senza dubbio anche Brunilde (Brynhildr o Brynhilldr) «valchiria («battaglia») con la corazza», la quale, con l'appellativo di Sigrdrífa (o Sigrdríf) «[colei che] spinge alla vittoria», dona a Sigurðr la coppa colma dell'idromele della sapienza, con cui gli trasmette le rune che simboleggiano il possesso del segreto della vita. Brunilde è colei che Sigurðr ha liberato dall'incantesimo che la teneva addormentata in un bastione di scudi: a ciò ella era costretta dal volere di Odino per avere concesso la vittoria a un guerriero anziché a un altro.

Alle valchirie come dispensatrici della bevanda sacra per gli eroi allude pure Snorri, che nella descrizione del Valhalla ricorda questa loro funzione e citando il *Dialogo di*

Grímnir riporta taluni dei loro nomi: esse sono Hrist, forse «[colei che] scuote [lo scudo]» o «[colei che] fa tremare»; Mist, forse la «nebbiosa»; Skeggjöld (o Skeggöld) «tempo delle asce» (cioè «battaglia»); Skögul e Hildr (o Hildi o Hilldr) «battaglia». Hildr è forse la stessa valchiria, detta figlia di Högni e sposa di Heðinn, che compare nel mito dell'eterna battaglia, dove è detto che durante la notte resuscitava con la magia tutti i caduti.

Vengono menzionate altresì Þrúðr (o Pruði) «forza», «donna»; Hlökk e Göll (o Gjöll), entrambe «fragore [della battaglia]»; Herfjötur «incatenatrice dell'esercito»: questo nome allude alla capacità magica di paralizzare i guerrieri impedendone la fuga; Geirahöð «battaglia delle lance»; Randgríðr (o Randgrid) «gigantessa dello scudo» o «[colei che] distrugge lo scudo»; Ráðgríðr «di violento consiglio»; Reginleif «figlia («eredità») degli dèi». Fra le valchirie Snorri ricorda anche Guðr (o Gunnr) «battaglia», Róta «[colei che] provoca la mischia» e Skuld (o Skulld) «debito», «colpa», da lui definita la più giovane delle norne.

La maggior parte dei nomi delle valchirie fa riferimento al loro rapporto (che talora è una vera e propria identità) con la battaglia e alla simbologia connessa, come risulta da Geiravör «dea delle lance»; Geirdriful «[colei che] scaglia la lancia»; Geirfljóð e Geirvíf «donna della lancia»; Geirhríð «tempesta di lance»; Geirskögul «battaglia delle lance»; Geirþriful «[colei che] afferra la lancia»; Geirþrúðr «donna (o «forza») della lancia»; Geirölul (o Geirrömul o

Geirönul) «[colei che] avanza [armata di] lancia»; Herja «guerriera»; Herþögn «[colei che] accoglie l'esercito»; Hjalmþrimul «[colei che ha l']elmo risonante» o «[che fa] risonare gli elmi» (cioè provoca la battaglia); Hjörþrimul «[colei che ha la] spada risonante» o «[colei che fa] risonare le spade»; Hrund «[colei che] colpisce»; Sigrlöð «[colei che] invita alla vittoria»; Skalmöld «tempo di spade» (cioè battaglia); Sveið forse «fragore [della battaglia]»; Valþögn «[colei che] accoglie i prescelti»; Prima «battaglia».

La valchiria è perciò dea del destino, tuttavia solo per il guerriero e per l'eroe, e per questo si manifesta come incarnazione della battaglia. Ella tesse la trama della vita, d'una vita però sempre messa a confronto con quella morte attraverso la quale è conquistata l'immortalità della conoscenza. Questa immagine è resa efficacemente nel *Canto di Dörruðr*, nel quale le valchirie sono figurate come tessitrici che tessono la grigia tela della battaglia grondante di sangue.

Nel *Dialogo per Hákon* si racconta che esse decidono l'andamento degli scontri; nel *Dialogo del corvo* la valchiria interroga il corvo sulle imprese di un eroe giunto nel Valhalla: questa peculiarità mette i corvi in diretta relazione con Odino, dio dei morti in battaglia, giacché fra i suoi numerosi appellativi sono annoverati Hrafnagoð, Hrafnáss, Hrafnstýrandi «dio», «ase» o «signore dei corvi», o ancora Hrafnfreistuðr «tentatore (cioè amico) dei corvi», dato che così viene spesso raffigurato nell'iconografia (bratteate, elmo di Vendei, Uppland, Svezia, VII secolo).

Il corvo è probabilmente una delle forme assunte dal dio, in particolare quando l'uccello segue il guerriero va interpretato come segno di buon auspicio. L'identificazione sembra ulteriormente avvalorata dove si narra che Hákon *jarl* aveva fatto un sacrificio a Odino: «allora vennero lì in volo due corvi e gracchiarono forte; lo *jarl* credette pertanto di sapere che Odino aveva accettato il sacrificio».

Di Odino si conosce altresì che possiede due corvi, Huginn («pensiero») e Muninn («memoria»): all'alba egli li manda a volare intorno al mondo e alla sera gli riportano le notizie di tutto quello che hanno visto e udito.

Il corvo e la cornacchia sono, tuttavia, pure «uccelli del malaugurio», in quanto abituati a nutrirsi di cadaveri e dunque abituali frequentatori dei luoghi di sacrificio e dei campi di battaglia: il colore nero, che è una delle loro peculiarità più evidenti, li mette in immediata relazione con il regno dei morti. Nelle figure dei due fratelli Hrókr *inn hviti* e Hrókr *inn svarti* («cornacchia bianca» e «cornacchia nera») si fa ad esempio riferimento alla duplice simbologia dell'animale.

Tranne quando sono legate a un mito particolare, le valchirie appaiono prive di una distinta individualità; così mostrano i nomi che sono sinonimi di «battaglia» e anche Nipt «sorella», designazione di una di loro che compare nelle þulur (dove potrebbe apparire anche come una dea).

Anche gli altri nomi di valchirie menzionati nelle fonti si riferiscono, più che a singole figure, a caratteristiche di questo gruppo di divinità. Tali sono Göndul «maga»; Leikn «stregata» o «[compagna di] giochi»; Sangríðr (o Sanngríðr) «molto crudele» e Tanngnidr «che digrigna i denti». Questi nomi mostrano una corruzione dell'immagine delle valchirie, che possono confondersi con figure considerate demoniache quali le gigantesse e le streghe. Tra le valchirie sono infine ricordate Ilmr, che altrove appare come dea, Svipul «mutevole» (come il destino) e Þögn «taciturna».

Sia le valchirie che le norne appaiono, tuttavia, piuttosto come un'evoluzione del concetto di destino, in quanto figure più recenti rispetto all'idea antichissima del fato come sorte ineluttabile che non solo non si può sfidare, ma alla cui volontà si deve anzi acconsentire perché giunga al dovuto compimento.

Di questo atteggiamento di sottomissione cosciente, ma mai meschina, si hanno numerosi esempi, come l'episodio, narrato nella *Saga di Gísli*, relativo a un tale Vésteinn il quale, mentre si recava a cavallo nel luogo in cui sarebbe poi stato ucciso, fu raggiunto dopo lunghe ricerche da messi che lo invitavano a tornare indietro. Alle loro parole egli così rispose: «Voi dite il vero... e io sarei tornato indietro se mi aveste incontrato prima, ma ora tutte le acque scorrono verso il Dýrafjörðr e io devo cavalcare in quella direzione; e tuttavia lo desidero».

Il destino è indispensabile alla vita stessa, che senza di

esso non può esistere, come mostrato dalla notazione della *Predizione dell'indovina* in riferimento alla coppia umana primordiale, formata da Askr ed Embla ancora privi di vita prima dell'intervento degli dèi, definita «senza destino».

La certezza di un destino segnato al quale non ci si può sottrarre è testimoniata pure dalla pratica assai diffusa della divinazione: indicazioni sulla propria sorte venivano richieste soprattutto agli individui dotati di qualità magiche o agli dèi durante i sacrifici. Talvolta si ha anche notizia di esseri sovrannaturali che intervengono nell'esistenza dell'uomo e gli preannunciano il destino.

Lo spirito protettore o custode che accompagna l'uomo e lo protegge all'interno della tradizione nordica e vichinga prende il nome di fylgja, hamingja, o vörðr. Il concetto di fylgja, il cui nome allude probabilmente al verbo «seguire», potrebbe originariamente essere connesso all'immagine della placenta come veste dello spirito di una persona: esso si sviluppa da quello del hugr, che è il nocciolo spirituale dell'essere, capace di staccarsi dal corpo e di manifestarsi sotto altra forma (soprattutto come animale, in base all'atteggiamento verso colui cui è diretta l'azione, ma anche come nebbia, vapore, fumo o vento), pure quando, ad esempio, debba comunicare un messaggio o fungere da presagio, come nel caso di Þórðr, all'interno della *Saga di Njáll*, il quale vide la propria fylgja in aspetto di una capra tutta coperta di sangue, e Njáll ne dedusse che sarebbe morto entro breve tempo.

La fylgja in aspetto di donna (nominata dunque fylgjukona, «donna che accompagna») appare, invece, come uno spirito protettore che accompagna l'uomo nel corso dell'esistenza: è il suo «custode» e al momento della morte si trasferisce presso un'altra persona della medesima famiglia, come risulta dalla *Saga di Alfredo Poeta turbolento*, dove il protagonista prima di morire vide la sua fylgja camminare sul mare dietro la nave su cui si trovava, si separò da essa lasciandole in custodia il figlio, e poi morì.

Nella *Saga dei valligiani di Vatnsdalr* vi è il concetto di hamingja come spirito di fortuna che segue una stirpe, accompagnando tutti i membri di una famiglia, mentre nella *Saga di Víga-Glúmr* si narra che il protagonista vide in sogno una donna (hamingja), la quale si dirigeva verso la sua fattoria e intuì che suo nonno era morto, poiché lo spirito protettore della famiglia veniva a prendere dimora presso di lui.

Nel termine hamingja è espresso anche il concetto di «fortuna» (evidenziando una connotazione meno individuale rispetto alla fylgja): ciò appare pure nel termine úhamingja che significa «sfortuna».

Vörðr («guardiano») è lo spirito protettore inteso come nucleo centrale della persona che partecipa della vita del mondo oltre il mondo, che vive nel corpo, ma può uscirne per compiere azioni magiche come nella *Saga di Erik il Rosso*, nella quale è ricordato che per compiere una seduta di magia era fondamentale recitare dei canti detti varðlokur, probabilmente «[canti che sanno] attrarre il vörðr [fuori del corpo]».

L'ideologia del vörðr come spirito della persona che talora la precede (quale suono o segno), preannunciandone la venuta, si conserva nel vocabolario norvegese in termini come vardyvle, vardøger; in svedese vård significa pure alter ego o spirito della persona che si manifesta come preannuncio della sua presenza; vi sono poi il danese vare, «spirito custode» e lo scozzese di derivazione nordica warth, «spettro».

Le idee sul destino dell'uomo dopo la morte rappresentano un elemento chiave del paganesimo norreno, ma la concezione che ha affascinato maggiormente l'immaginazione popolare è quella del paradiso degli eroi caduti in combattimento, il Valhalla.

Il luogo, in origine, era probabilmente una dimora sotterranea dei morti, ma in seguito, man mano che la classe guerriera assunse maggiore rilevanza all'interno della società, la morte trovata sui campi di battaglia divenne oggetto di esaltazione, e il luogo in cui i caduti sarebbero stati accolti iniziò a differenziarsi da Hel.

«Presto berremo birra dai corni incurvati. L'eroe che entra nella dimora di Odino non lamenta la propria morte. Non entrerò in questa sala con parole di paura sulle mie labbra. Gli Asi mi accoglieranno. La Morte arriva senza lamento (...) Seduto sul trono, berrò volentieri birra con gli Asi. I giorni della mia vita sono terminati. Rido nell'istante della morte»: si tratta del lamento di morte di

Ragnar Loðbrók, composto forse non prima del XII secolo, ma basato su materiale pagano, nel quale è ravvisabile una forte fede nel *Valhalla* come paradiso degli eroi.

Sebbene in talune varianti del mito si configuri come la causa della morte dei guerrieri caduti in battaglia e privati della vittoria da Odino, proprio per quella necessità di circondarsi e di essere assistito dai suoi prescelti nell'eventualità del Ragnarök, il Valhalla diviene un soggiorno splendido, in cui il dio assicura agli eroi una vita felice e accudita dalle sue valchirie.

Odino, padrone della vita e della morte, è il dio cui occorre affidarsi con cieca fiducia e disponibilità, e in quanto tale, avendo potere di dare la morte, è detto pure Sváfnir «[colui che] addormenta (cioè uccide)» e i suoi guerrieri, radunati nel Valhalla, sono detti Einherjar.

Essi formano l'esercito infernale di anime di cui il dio è guida e in questa concezione s'intravede un ulteriore legame di Odino con Mercurio psicopompo, perché egli viene chiamato pure Heráss («ase dell'esercito»), Herföðr e Herjaföðr («padre dell'esercito»), Hergautr («Gautr dell'esercito»), Hertýr («dio dell'esercito»), Herjan «[signore dell']esercito» e Herteitr («felice nell'esercito)».

Dal regno dei morti che Odino visita periodicamente, ripetendo un itinerario iniziatico, il dio trae ogni potere e abilità: quindi l'uomo che lo veneri e a lui si consacri non dovrà temere né la morte né il sacrificio.

Per quanto concerne quest'ultimo, tenendo presente che Odino fu immolato a se stesso, fondamentali risultano il rito della trafittura con una lancia e quello dell'impiccagione (un'offerta assai gradita al dio). Si narra, infatti, che Njörðr, prima di morire, si fece segnare con la punta della lancia.

L'impiccagione è segno di schiavitù psichica, di magico asservimento, di sottomissione totale nell'anima e nel corpo, rappresentando la fine di un ciclo di vita, la condizione che precede il risveglio iniziatico; l'impiccato simboleggia l'uomo messo a totale disposizione del dio.

Dato che l'impiccagione corrisponde nel mito e nella simbologia relativa alla bevuta rituale del liquido inebriante che dà la conoscenza, alla cavalcata selvaggia attraverso le diverse dimensioni dell'essere, l'albero cosmico è sia il cavallo sia la forca di Odino (noto pure come Hangi «impiccato», Sveigðir e Geigudr «penzolante [dalla forca]», ma anche come Hangatýr e Hangagoð «dio degli impiccati), il quale, seduto sotto i corpi penzolanti dalle forche, parla con gli impiccati.

Secondo Saxo, avvengono delle impiccagioni su consiglio di Fengo e il dio stesso uccide impiccando; pure Vikarr, vittima predestinata del dio, fu trafitto con la lancia e impiccato; va inoltre menzionato l'episodio narrato nel *Libro di Sturla Þórðarson*, in cui è riferito della morte volontaria per impiccagione di una tale Sígríðr Þorarinsdóttir che, abbandonata dal marito per un'altra donna, s'impiccò in un tempio. Pure Adamo da Brema affermava che, durante la grande festa sacrificale che si teneva presso il tempio di Uppsala ogni nove anni, venivano offerte vittime umane, tra cui nove uomini impiccati agli alberi che stavano accanto al tempio; è probabile che tali vittime fossero sacrificate a Odino, che in quel luogo era venerato con Thor e Freyr; già Procopio ne *La guerra gotica* alludeva alla consuetudine degli uomini del Nord di offrire una vittima al dio della guerra impiccandola a un albero. Questi sono solamente alcuni dei numerosi riferimenti ai sacrifici offerti a Odino, nel corso dei quali la vittima veniva impiccata.

Mentre Odino beve il vino (liquido in cui sono mescolate le rune e perciò capace di trasmettere saggezza e conoscenza, il quale malgrado non sia originario del mondo nordico, vi è accolto come bevanda nobile, rara e preziosa; Snorri, rifacendosi al *Dialogo di Grímnir*, riferisce che egli non ha bisogno di altro alimento poiché il vino è per lui sia cibo che bevanda. L'attribuzione al dio di questa bevanda, che forse sostituisce la birra e l'idromele di tradizione più antica, è dovuta verosimilmente alla sua rarità, che indica la distinzione del suo possessore), i suoi guerrieri nel Valhalla bevono la birra e consumano l'idromele che scorre dalle mammelle della capra Heiðrún che con il cervo Eikþyrnir bruca le foglie dell'albero cosmico.

La birra, bevanda sacra al guerriero, come ogni liquido fermentato, ha subito un processo vitale di purificazione e può trasmettere all'uomo le energie della terra nella loro migliore essenza. Essa va assorbita e al contempo dominata come raccomanda Odino, «poiché eccellente è la birra, purché dopo riacquisti/ciascun uomo il suo senno».

La birra rappresenta quindi per l'eroe che la riceve dono prezioso, corrispettivo dell'idromele, bevanda divina.

Ad esempio, la valchiria Brunilde, detta Sigrdrífa, risvegliata da Sigurðr, prese un corno pieno di idromele e diede all'eroe la «bevanda del ricordo» (minnisveig): tale bevuta ha un intento propiziatorio e iniziatico affinché l'eroe possa apprendere la saggezza che gli sarà trasmessa nelle rune tra le quali, appunto, le «rune della birra» (ölrúnar), da segnare sul corno per ottenere felicità e protezione.

La bevuta di birra può essere, tuttavia, velenosa o funesta a causa del fatto che l'uomo spesso non conosce la moderatezza nel bere, come risulta dal celebre episodio narrato nella *Saga di Egill*, dove Bárðr mescolò del veleno nella birra destinata a Egill, il quale, uomo esperto in magia, recitò una rima prima di bere, al che il corno si spezzò da solo.

La birra è bevanda indispensabile nelle celebrazioni e nelle feste: viene, infatti, bevuta nei sacrifici, nelle cerimonie nuziali, nei festini in onore dei defunti, e la sua rilevanza nei rituali religiosi perdurò nel tempo, come rilevato da una disposizione religiosa cristiana del codice di leggi norvegesi del Gulaþing: «E quella birra sarà benedetta in ringraziamento a Cristo e Santa Maria, per la prosperità e la pace».

La parola-formula beneaugurante «alu», riportata su

molteplici iscrizioni runiche (ad esempio: amuleto di Lindholm, Scania, Svezia, inizio del VI secolo; pietra di Elgesem, Vestfold, Norvegia, V secolo; lamina in bronzo di Fosse, Rogaland, Norvegia, inizio del VI secolo; frammento di pietra di Kinneve, Västergötland, Svezia, fine del VI secolo; bratteate di Darum, Jutland, Danimarca; Slangerup, Sjaelland, Danimarca; Kläggeröd, Scania, Svezia, tutte attorno al V secolo), essendo linguisticamente identica al più tardo öl («birra»), forse avvalora ulteriormente l'antica concezione simbolica della birra come elemento di prosperità.

L'idromele (in antico nordico mjöðr), invece, appare come la bevanda divina per eccellenza, dalla quale si trae conoscenza e ispirazione. I suoi ingredienti sono l'acqua e il miele (corrispettivo del fuoco), per cui esso assomma in sé i due princìpi della vita. Esso viene pertanto definito «prezioso», «antico», «eccellente», «chiaro», ossia «puro» e «luminoso», liberato d'ogni qualità negativa. È bevanda scelta degli dèi e dei prìncipi, giacché trasmette saggezza, dal momento che in esso sono mescolate le rune che la simboleggiano.

Mímir, il saggio gigante che possiede la fonte di ogni conoscenza, beve ogni mattina l'idromele, così come Heimdallr, dio guardiano dei cicli, il cui corno (od orecchio) è celato nella fonte di Mímir, «beve... felice il buon idromele».

All'emblema della contaminazione della potenza e della saggezza mediante il principio del male, ossia all'idromele avvelenato, si allude con l'atto di Loki, desideroso di distruggere l'armonia e la pace al banchetto degli dèi, mentre sul piano pratico avveniva forse con l'uso di erbe velenose; l'uso rituale dell'idromele (quale bevanda che metteva in relazione con il mondo ctonio) è connesso alla morte del mitico re svedese Fjölnir, figlio di Yngvi-Freyr, del quale Snorri racconta che morì annegato in una tinozza colma di idromele. Un racconto simile si trova in Saxo a proposito del re svedese Hundingus, il quale, avendo raccolto molti nobili a un festino funerario per Hadingus, che egli credeva morto, serviva personalmente gli ospiti: senonché essendo inciampato cadde nella tinozza colma di birra e morì annegato.

Come liquido vitale e rigeneratore, l'idromele sembra essere altresì simbolicamente connesso al sangue, come risulta dal mito relativo a Kvasir e dalla kenning «idromele delle ferite» (unda miöðr), ossia «sangue».

Un'aquila, simbolo della percezione diretta della luce divina e della suprema sublimazione, l'eccelso fra gli uccelli che sa volare molto in alto e può fissare il sole, si trova sopra il Valhalla, proprio nello stesso luogo in cui cresce l'albero Léraðr, da identificare con l'albero cosmico (un'aquila con un falco tra gli occhi è appollaiata sui rami dell'albero cosmico e scambia continuamente cattive parole con il serpe Níðhöggr che con altri ne rode le radici). Essa è un uccello sacro, iniziatico, dotato di grande sapienza e sul suo becco sono incise le rune. È estremamente sapiente perché è uccello delle origini, il primo che vola sul mondo ogni volta che un nuovo ciclo ha inizio, e dall'alto dello spazio e dall'alto del tempo ha chiara percezione del mondo.

L'aquila è inoltre uccello di Odino, giacché sotto tale forma, egli compie il furto dell'idromele che rende poeta chi lo beva ed è connesso alla qualità rapace dell'uccello, che si nutre di cadaveri (la metafora «rallegrare le aquile», «dar cibo all'aquila» vale «uccidere molti nemici»): proprio in onore del dio, ad esempio, dovettero essere innalzati i vessilli con immagine di aquila che, secondo Saxo, furono sventolati dai Danesi nella famosa battaglia di Brávellir.

Nel Valhalla vi sono poi la capra Heiðrún e il cervo Eikþyrnir (il nome del quale significa «con le corna [ricurve come rami di] quercia» o «con le corna [di legno] di quercia»).

Come in altre culture, la capra è connessa al dio del tuono (il suo carro è trainato, infatti, da due capri: Tanngnjóstr «[quello che] fa scricchiolare i denti», e Tanngrisnir «[quello che] digrigna i denti» o forse «[i cui] denti non hanno un allineamento ordinato) nella sua funzione di fecondatore e nutritore: si tratta di un animale che conobbe grandissima diffusione e fu tra i primi a essere addomesticato, noto per l'esuberanza sessuale e la prolificità, fonte di sicuro nutrimento.

Al di là del suo valore fecondante e positivo, la capra presenta pure una simbologia nefasta: entrambi sembrano elementi caratterizzanti Heiðrún, il cui nome è oscuro, forse «[quella che] possiede un segreto prezioso». Dalle sue mammelle scorre un sacro idromele che sazia ogni giorno gli eroi di Odino (funzione nutritiva), tuttavia, essa bruca i germogli configurandosi come una minaccia per l'albero cosmico (funzione negativa) e in un carme viene rappresentata come oggetto di disprezzo poiché considerata simbolo di lussuria.

Tale simbologia di animale lascivo, riprovevole e demoniaco (molto evidente in particolare per il caprone) motiva il riferimento agli organi sessuali di Loki connessi alla barba di una capra nel mito di Skaòi e la costante relazione esistente fra questo animale e i giganti (che similmente vivono fra le rocce).

Essa, e ancor più il caprone quale essere demoniaco, è connessa alle streghe e ai maghi: il rapporto fra Thor, nemico mortale dei giganti, e le capre vuole forse alludere al fatto che egli ha il potere di valorizzare il ruolo benefico dell'animale, distruggendone anzi il lato demoniaco (ecco la credenza, testimoniata presso alcuni popoli, secondo la quale il caprone è un animale che attira i fulmini), come risulta da due differenti strofe del *Carme di Hymir*, in cui si precisa che Thor, recandosi dal gigante Hymir, si preoccupò di mettere al sicuro le sue capre prima di entrare nella di lui dimora e si allude al tentativo del malvagio Loki di uccidere una delle due capre del dio.

Annunciatore della luce celeste e vivificante, il cervo, invece, ha sempre svolto, certamente, una rilevante funzione simbolica, come dimostrato dalle sue frequenti raffigurazioni nelle incisioni rupestri dell'età del bronzo sino alla presenza ricorrente di tale animale nel folclore scandinavo (giochi, maschere), proprio per il suo legame con il sole, dato che le sue corna, le quali perennemente si rinnovano (emblema dell'eternità), sono ritenute corrispettive dei raggi solari dotati di virtù vivificanti.

L'identità simbolica tra le corna del cervo e i raggi del sole che dardeggiano e distruggono le forze dell'oscurità emerge, ad esempio, dal racconto secondo cui il dio Freyr (privato della sua buona spada) dovette combattere contro il gigante Beli e lo uccise con un corno di cervo: egli è emblematicamente detto «luminoso uccisore di Beli».

Questo animale è inoltre strettamente connesso all'albero cosmico: al pari di esso, dunque, partecipa dei tre strati dell'essere, poiché le sue zampe toccano la terra, il suo corpo appartiene al mondo di superficie e le sue corna ramificate sono come le fronde che si protendono verso il cielo.

Per la sua abitudine di segnalare tempestivamente l'arrivo dell'alba è ritenuto annunciatore della luce e messaggero della vittoria sui pericoli della notte: si tratta del gallo. Vi è, infatti, Salgofnir «[quello che] canta nella sala», gallo che sta nel Valhalla dove dà la sveglia ai guerrieri di Odino; un altro, invece, color rosso fuliggine canta sottoterra nel regno dei morti.

Questo animale si presenta quindi non solo come simbolo di vigilanza guerriera e di annuncio dello scoccare dei momenti culminanti, bensì anche come entità fortemente connessa al regno dei morti, ossia alle tenebre di cui è dominatore perché ne conosce i segreti. A tal proposito, si può ricordare l'episodio narrato da Saxo, il quale riferisce che la donna che guidava Hadingus gettò oltre un muro nell'aldilà la testa di un gallo che aveva con sé, dopodiché esso immediatamente rinacque; al sacrificio di un gallo e di una gallina a cui era stata tagliata la testa allude pure Ibn Faḍlān nel suo resoconto di un funerale vichingo.

Nel Valhalla i guerrieri di Odino mangiano il maiale Sæhrímnir, cotto ogni giorno dal cuoco Andhrímnir nel calderone Eldhrímnir e consumato a pasto, che è di nuovo intero la sera: si tratta quindi di cibo divino che perennemente si rinnova e questa sua qualità è dovuta forse al fatto che il maiale, simbolo di fecondità e di potenza primitiva, di forza e di passione, si nutre di ghiande, frutto della quercia, albero legato al dio del tuono e talvolta inteso forse anche come albero cosmico.

Gli Einherjar consumano, dunque, il cibo dell'immortalità, intesa come perenne capacità di rinnovamento: emblematica è in tal senso la presenza di cibo fra i reperti tombali (come nelle tombe danesi dell'età del ferro), usanza comune del resto a molte culture, la quale pare avere non tanto lo scopo di provvedere genericamente di cibo il defunto, quanto piuttosto quello di fornirlo di tutto ciò che gli possa servire nell'aldilà, affinché in caso di risveglio la sua necessità più immediata sia soddisfatta ed egli non cerchi di tornare indietro, con estremo pericolo per i vivi.

Draugr si chiama, infatti, lo spettro del morto che abita nel tumulo e può talora tornare sulla terra con grave pericolo per gli uomini. L'ordinamento del cosmo impone che ciascuno dei mondi sia separato dagli altri: così, in particolare la dimora dei morti, governata da Hel, ha muri straordinariamente alti e robusti cancelli. Per il medesimo fine di impedire ai defunti di tornare indietro si ha cura di fissare ai loro piedi le «scarpe di Hel» (helskór), li si fornisce nelle tombe di cibo e d'ogni oggetto necessario, o si provvede persino a staccar loro la testa mettendola all'altezza delle cosce o a conficcare un palo nel corpo perché esso rimanga fermo.

Nonostante queste precauzioni, a volte i morti ritornano in questo mondo. È nota nel folclore la credenza che nel cuore dell'inverno, nel periodo della festa detta *jól*, gruppi di anime defunte ritornino sulla terra. Tali schiere di morti che non di rado assumono sembianze animalesche sono note nel folclore scandinavo e germanico continentale: in Norvegia a esempio vanno sotto il nome di *oskorei* o *juleskreia*; singole figure di demoni che a volte hanno assunto caratteri benevoli sopravvivono nello svedese *julbock*, norvegese *julebukk*, danese *julebuk* («caprone di Natale»), che ripropone l'immagine del demone dei boschi abitatore di un tumulo.

Questa credenza è già testimoniata nel caso dell'eroe Helgi, il quale dopo la sua morte fu visto cavalcare vicino al tumulo insieme ai suoi guerrieri; alla credenza del defunto che si risveglia e vuole tornare nel mondo fa riferimento anche Saxo, che narra di due fratelli di sangue, Asmundus e Asuithus. Quest'ultimo era morto di malattia e quindi sepolto in una grotta con il suo cavallo e il cane. A motivo del legame che li univa, Asmundus si era fatto tumulare vivo con l'amico e nella tomba era stato messo cibo per lui. Ora, durante la notte avvenne che Asuithus tornò in vita, si scontrò in combattimento con Asmundus e gli strappò un orecchio.

Il defunto che torna molto spesso a funestare i vivi è lo spirito di una persona che fu malvagia in vita: nella *Saga degli uomini di Eyr* si narra, ad esempio, del fantasma di un tale Þorólfr Gamba storta che perseguitava i vivi con le sue apparizioni; nella medesima fonte è menzionata anche Þorgunna, donna che in vita era dotata di poteri magici, la quale si manifestava da morta sotto forma di foca; nella *Saga dei valligiani di Laxárdalr* è raccontata la vicenda di Hrappr Sumarliðason, il quale tormentava i vivi con le sue apparizioni e per questo fu riesumato, cremato e sparse le ceneri sul mare; nel *Breve racconto di Þorsteinn Spavento* si narra di uno spettro definendolo púki, «spirito maligno», «diavolo»; in un famoso episodio si racconta del duello combattuto dal bandito Grettir Ásmundarson con lo spettro Glámr.

La concezione negativa dello spettro permane nella tradizione delle fiabe scandinave, nelle quali tali spiriti sono spesso inviati da persone malvagie a danneggiare qualcuno: la capacità di coloro che praticano la magia di risvegliare i defunti dalle tombe e parlare con loro è connessa già a Odino, dio e mago supremo, che «a volte resuscitava i morti dalla terra o si sedeva sotto i corpi penzolanti dalle forche», del quale si dice, inoltre, che richiamò dall'aldilà una veggente per interrogarla sul destino di Baldr; nella *Saga di Hervör* Hervör evocò dalla tomba suo padre per ottenere la spada Tyrfingr (qui lo spettro è detto haugbúi, «abitatore del tumulo»).

I contatti dei vivi con i morti richiamati in questo mondo con la magia risultano efficaci ma al contempo notevolmente pericolosi: ad esempio, le leggi norvegesi del Gulaþing, redatte in epoca cristiana, proibivano espressamente il tentativo di far tornare gli spiriti dalle tombe.

Sotto forma di demoni si manifestano, come ribadito, gli spiriti dei morti malvivi che lasciano le loro tombe dopo il tramonto (*draugar*), ma anche i maghi (i quali predicono, secondo la *Historia Norvegiae*, il futuro «per mezzo di uno spirito immondo che chiamano gandr») e le streghe: è un «incubo» (*mara*) la strega che approfitta dell'uomo durante il sonno e lo usa come cavalcatura tormentandolo sino a farlo morire, mentre *gandreið* è definita la «cavalcata magica» (spesso di una strega in sella a un lupo), visione connessa a un presagio di sciagura certa.

Celebri demoni dell'oscurità e del caos sono il cane Garmr, il serpe di Miðgarðr, il lupo Fenrir: quest'ultimi due, definiti nemici mortali degli dèi, sono detti rispettivamente *Jörmungandr* («demone cosmicamente potente») e *Vánargandr* («demone del Ván», il fiume di bava che scorre dalla sua bocca).

Per quanto concerne il cane, la simbologia prevalente nel mondo vichingo è quella di uno spirito custode che tiene lontano l'uomo dai pericoli e al contempo presagisce e annuncia gli eventi: tale ruolo si esplica, innanzitutto, nella custodia di regni cui è estremamente pericoloso accedere.

Si narra di un cane infernale dal petto insanguinato che si fa incontro a Odino, quando questi si reca nel regno dei morti, così pure che la dimora divina di Menglöð verso la quale si dirige Svipdagr è guardata da cani feroci (detti qui *garmar*, pl. di *garmr*), chiamati *Gífr* «avido» o «mostro» e *Geri* «avido» (questo è pure il nome di uno dei lupi di Odino), proprio come Garmr, il migliore fra i cani, che è legato davanti alla caverna Gnipahellir, abitata da forze oscure e forse da defunti.

La simbologia di questi guardiani pericolosi si sovrappone nel loro aspetto nefasto a quella del lupo: Garmr, «[quello che] ulula», è, infatti, incatenato proprio come il malvagio lupo Fenrir, sino alla fine del mondo quando sarà libero e combatterà con Týr (il dio che un tempo fu mutilato dal lupo), uno scontro per entrambi mortale; esso viene altresì definito *freki*, «lupo», («avido»), che è tra l'altro il nome d'uno dei due lupi di Odino.

Il termine *garmr* è anche usato nelle *kenningar* che designano talune entità pericolose o ostili, poiché le cagne avide di cadaveri, ad esempio, sono da intendersi come lupi o streghe e incarnano un presagio di morte.

Il cane è anche animale sacrificale, in quanto conoscitore dell'aldiquà e dell'aldilà, e accompagnatore del padrone sui sentieri degli inferi: sono stati, infatti, rinvenuti resti di cani nelle tombe dell'età vichinga; davvero rilevante è la testimonianza di Adamo da Brema, dalla quale emerge che durante la grande festa sacrificale di Uppsala, che aveva luogo ogni nove anni, pure i cani venivano sacrificati e appesi agli alberi del bosco sacro, irrorati del sangue delle vittime.

Invece, il serpe-mostro per antonomasia ricordato nel mito è Miðgarðsormr, «serpe di Miðgarðr», nemico mortale del dio Thor. Fu sprofondato dagli dèi nell'oceano, dove giace avvolto attorno alla terra come un anello; in tutta la sua lunghezza giunge a fatica a mordersi la coda. Esso appare come una specie di dio primordiale e di spirito delle acque (nelle immagini poetiche viene talvolta nominato come «pesce della terra»); il cerchio nel quale è oppresso è emblema dell'interezza del ciclo, del suo principio e della sua fine (pertanto non è chiuso). Si tratta pure di una forza vitale originaria che deve essere dominata e controllata, dato che gli dèi lo gettarono nell'oceano, cioè simbolicamente al limite dello spazio. Esso vive tuttavia anche al limite del tempo: infatti, malgrado il tentativo di Thor di trarlo dalle profondità marine e di eliminarlo, il serpe sorgerà dagli abissi solo alla fine del mondo, quando combatterà con il dio in un duello mortale per entrambi.

Miðgarðsormr, come il Leviatano della tradizione biblica, è il mostro del caos primitivo, ma allo stesso tempo il vero possessore, l'incarnazione stessa del primo movimento da cui si originò la vita. In tal senso è da intendersi la profezia mitica nella quale si afferma che gli dèi sopravvissuti alla catastrofe finale si riuniranno e converseranno fra loro ricordandosi degli antichi eventi e del serpe cosmico.

Quest'ultimo, inoltre, è il figlio di Loki e della gigantessa Angrboða, con cui il dio ha generato altri due figli: Hel, guardiana del regno delle tenebre e Fenrir, il lupo cosmico nemico degli dèi; con Sigyn ha avuto, invece, il figlio Narfi e probabilmente anche Váli, che di questi è detto fratello.

Seppure appartenente alla stirpe degli Asi, Loki è una figura divina totalmente singolare, il cui carattere è caratterizzato da una profonda ambivalenza all'apparenza insanabile. Egli è dunque compagno di Odino e di Thor (con il primo sembra persino aver stretto un legame di fratellanza di sangue) ed è colui che soccorre gli dèi in molte situazioni complicate; tuttavia è pure un demone nemico dell'ordine cosmico, un buffone ridicolo e funesto, un impostore maligno e pericoloso.

Malgrado appartenga alla stirpe degli dèi, la sua famiglia e la sua progenie sono legate ai demoni del male e hanno pessima natura.

Figlio di Laufey o Nál e del gigante Fárbauti, fratello di

Býleiptr e di Helblindi, Loki viene considerato il padre delle streghe: egli trovò un cuore di donna mezzo cotto fra i carboni e se ne cibò rimanendo ingravidato per quella via, e di lì nacquero le streghe.

Un altro figlio di Loki è Sleipnir, cavallo di Odino, che il egli generò dopo essersi trasformato in puledra.

Le metamorfosi di questo dio, che può pure prendere le sembianze di mosca, pulce, falco, salmone, o foca, sono dovute alla sua conoscenza e pratica di quella magia, detta seiðr, che comporta per i maschi inverecondia e comportamenti femminili (come le streghe, sue figlie, che talvolta possono apparire come figure androgine, Loki può assumere sembianze di donna).

L'etimologia del nome Loki rimane ancora incerta, ove si rifiuti l'analogia con *logi* («fiamma»).

Loki potrebbe significare forse anche «distruttore» o essere un'abbreviazione di Lóðurr (se tale figura risulti identificabile con lui) o di Loptr (o Loftr), che è un suo appellativo. Questo nome è a sua volta connesso a *lopt* («aria») e allude probabilmente al fatto che Loki possiede un paio di scarpe magiche grazie alle quali può camminare tanto nell'acqua quanto nell'aria, e inoltre alla sua qualità volatile di dio-fuoco o al suo apparire quale personificazione dell'intelligenza intuitiva e spregiudicata.

Alcuni dati del folclore scandinavo consentono di associare la figura di Loki a quella del ragno: non soltanto per l'affinità tra il nome del dio (che in fonti tarde appare talora come «Locke») con *locke*, che in alcune espressioni dialettali indica il ragno (così pure nello svedese medievale), ma anche per l'identità della funzione simbolica, giacché il ragno è sia dio creatore (capace di tessere la rete) sia ingannatore malizioso.

L'episodio nel quale è attribuita a Loki l'invenzione della rete per pescare può essere spiegato proprio alla luce di tale simbologia.

Loki rappresenta l'incarnazione del male cosmico come veleno o buffone: è la copia degradata della divinità, la sua versione maligna e ridicola, profanatoria e dissacratrice. Pur possedendo la conoscenza della forza creatrice e ordinatrice del mondo, ne perverte l'uso e il fine: ecco il motivo per cui viene definito da Snorri «fabbro di mali».

Loki diviene in particolare nemico mortale di Heimdallr (garante dell'ordine cosmico), con cui combatte sotto forma di foca per il possesso del monile di Freyja, Brísingamen, da lui rubato e dal quale dipende il potere sulla vita e sulla fecondità.

Tuttavia, il crimine più efferato commesso da Loki, e per cui gli dèi lo hanno catturato e incatenato, è certamente l'assassinio di Baldr al quale egli ha spinto il cieco incolpevole Höðr: non solo egli è colpevole della morte di Baldr, ma anche del suo mancato ritorno sulla terra, poiché sotto le false spoglie della gigantessa Þökk si è rifiutato di piangerne la morte insieme alle altre creature. Catturato dagli dèi, Loki dovrà attendere la fine del mondo incatenato a tre massi: un serpe velenoso è legato sopra di lui e quando il veleno gli gocciola sul volto, egli si scuote con tale violenza che tutta la terra trema.

Alla fine del mondo Loki guiderà le forze del male alla battaglia contro gli dèi.

Una figura forse appartenente soltanto all'area scandinava, questo dio, a causa della sua natura malvagia, fu evidentemente escluso dal culto, poiché nessuna fonte ne fa menzione e non risultano toponimi che conservino il suo nome.

Svipdagr

Il viaggio compito da Svipdagr, protagonista di una celebre avventura amorosa, ampiamente attestato dalle canzoni popolari danesi e svedesi, lo porterà in un altro mondo a cercare la fanciulla che vuole prendere in sposa.

Svipdagr era il nome di un giovane, Gróa quello di sua madre, la quale era deceduta da tempo, ma in vita era stata una maga. Il padre di Svipdagr aveva sposato un'altra donna. Un giorno Svipdagr si recò al tumulo di Gróa e recitò un canto evocatore, ricordandole che proprio lei lo aveva ammonito a cercarla in caso avesse avuto bisogno di qualcosa. Si ridestò dunque Gróa dal sonno dei morti e domandò che cosa preoccupasse il suo unico figlio e quale sciagura fosse mai accaduta perché egli cercasse la madre ormai sepolta, lontana dal mondo degli umani. Svipdagr rispose che la perfida matrigna gli aveva affidato il compito gravoso di mettersi in viaggio verso la dimora di Menglöð («[Colei che è] felice per il gioiello»; il nome, così come la descrizione del monte su cui costei vive, che è detto dotato di poteri risanatori per le donne, possono far pensare a un'identificazione con Freyja, dea della fecondità, che possiede il prezioso monile Brísingamen, in cui è forse da riconoscere uno strumento magico per soccorrere le partorienti).

Lungo era il viaggio – disse Gróa – e lunghi i sentieri: lunga altrettanto l'attesa degli uomini, sempreché egli compisse il suo volere e Skuld (una delle norne che stabiliscono il destino) guidasse il corso del fato.

Svipdagr la pregò di cantare degli incantesimi propizi; era sua madre: aiutasse dunque il figlio! Altrimenti temeva di non completare il cammino: gli pareva d'essere ancor giovane per questo! In piedi su un masso ben fisso nel terreno, sulla porta del regno dei morti, Gróa cantò per il figlio nove incantesimi possenti. Col primo gli tolse ogni gravame dalle spalle e lo aiutò a trovare da sé la strada; col secondo gli trasmise i canti capaci di infondere coraggio lungo il cammino; col terzo recitò una magia potente sulle acque: fiumi impetuosi quali Horn e Ruðr, capaci di metterlo in pericolo di vita, avrebbero deviato il corso verso il regno dei morti scomparendo davanti a lui; col quarto – disse – sarebbe mutato l'animo dei nemici incontrati per via ed essi sarebbero divenuti disposti all'amicizia e alla pace; il quinto avrebbe sciolto le catene che potessero legare le membra; il sesto avrebbe acquietato il mare tempestoso e reso gli elementi della natura propizi a un viaggio tranquillo; il settimo lo avrebbe protetto dal freddo e dal gelo sulle montagne; l'ottavo dai fantasmi delle notti nebbiose («... se fuori ti sorprende / la notte su un sentiero nebbioso / niente affatto possa / farti del male / una donna cristiana morta»); saggezza ed eloquenza quando fosse giunto a colloquio col gigante, glorioso per la lancia, guardiano della dimora di Menglöð.

In ultimo Gróa augurò al figlio buona fortuna nel viaggio: «Le parole della madre portati via, figliolo, di qui e fa' che vivano nel tuo petto; una buona fortuna tu avrai nella vita finché ricorderai le mie parole».

Protetto dagli incantesimi della madre, Svipdagr percorse quindi il sentiero verso la corte di Menglöð e giunse finalmente alla dimora del popolo dei giganti: essa si ergeva circondata da un bastione di fuoco. Un gigante-guardiano lo vide arrivare: con parole ingiuriose cercò di respingerlo per gli umidi sentieri donde era venuto, negandogli subito ospitalità.

Che razza di essere era mai quello che stava lì fuori vagando attorno al fuoco periglioso? Che cosa voleva? Di che andava in cerca? Che voleva sapere l'infelice? Svipdagr rispose: che razza di essere era quello che stava lì fuori e non offriva ospitalità ai viandanti? Di certo era vissuto senza guadagnarsi fama alcuna; che fosse lui dunque a tornare a casa sua! Il guardiano allora rispose e disse di chiamarsi Fjölsviðr, d'essere saggio, ma per nulla ospitale; poi aggiunse che quel viandante non sarebbe mai entrato nel recinto: se ne andasse dunque come un lupo per la via! Svipdagr replicò che non se ne sarebbe andato, perché la vista di quella dimora dorata, circondata da splendenti recinti, era una vera gioia per gli occhi: anzi pensava che avrebbe potuto starci bene. Fjölsviðr allora domandò da chi fosse nato e di quali genitori fosse figlio.

Per nascondere la sua vera identità il giovane affermò di chiamarsi Vindkaldr e d'essere figlio di Várkaldr, figlio di Fjölkaldr (rispettivamente «freddo [come il] vento», «freddo [come la] primavera», «assai freddo», sono nomi che alludono a figure di giganti); poi a sua volta domandò chi governasse in quel luogo e avesse possesso del regno, oltre che dei beni e delle sale splendenti. Fjölsviðr rispose:

«Menglöð si chiama,
la madre la generò
col figlio di Svafrþorinn;
ella qui governa
e ha possesso del regno,
dei beni e delle sale splendenti».

Vindkaldr ancora domandò: come si chiamava il cancello del quale non s'era mai visto nulla di più terribile fra gli dèi? Fjölsviðr allora rispose:

«Þrymgjöll si chiama,
ed esso fu fatto dai tre
figli di Sólblindi,
una salda catena
terrà qualsiasi viandante
che voglia aprirlo».

Vindkaldr ancora domandò: come si chiamava il recinto del quale non s'era mai visto nulla di più terribile fra gli dèi? Fjölsviðr allora rispose:

«Gastrópnir si chiama,
e io lo ho costruito
dalle membra di Leirbrimir:
in tal modo lo ho fissato,
che saldo starà,
sempre finché il tempo duri».

Vindkaldr ancora domandò: come si chiamavano i cani guardiani dei quali nulla di più mostruoso aveva mai visto al mondo? Fjölsviðr allora rispose:

«Gifr si chiama l'uno,
ma l'altro Geri, se tu lo vuoi sapere
essi sempre
qui faranno la guardia,
fino a che crollino gli dèi».

Vindkaldr ancora domandò: c'era qualcuno che potesse entrare nella dimora mentre le bestie aggressive dormivano? Fjölsviðr allora rispose:

«L'alternanza del sonno e della veglia
fu loro assegnata,
da quando fu loro affidata la guardia;
l'uno di notte dorme,
l'altro di giorno,

nessuno entra, se là giunse».

Vindkaldr ancora domandò: non c'era qualche cibo da dar loro per entrare mentre stavano mangiando? Fjölsviðr allora rispose:

«Due ali arrostite
stanno nel corpo di Víðópnir,
se tu lo vuoi sapere;
è quello l'unico cibo
che si possa dar loro
per entrare mentre mangiano».

Vindkaldr ancora domandò: come si chiamava quell'albero che tutta ricopriva la terra coi rami? Fjölsviðr allora rispose:

«Mímameiðr si chiama,
ma nessuno sa
da quali radici cresca;
con che si abbatte
ben pochi sanno,
non lo consuma né il fuoco né il ferro».

Vindkaldr ancora domandò: quali frutti dava quell'albero famoso che non consuma il fuoco né il ferro? Fjölsviðr allora rispose:

«Il suo frutto
si metterà sul fuoco
per le donne malate;
fuori spremeranno
ciò che abbiano dentro,
questo gli è assegnato fra gli uomini».

Vindkaldr ancora domandò: come si chiamava quel gallo che stava appollaiato in alto sull'albero, tutto splendente d'oro? Fjölsviðr allora rispose:

«Víðópnir si chiama,
e sta luminoso nell'aria
sui rami di Mímameiðr;
con un dolore
immenso opprime,
di Surtr, Sinmara».

Vindkaldr ancora domandò: c'era qualche arma che potesse sprofondare Víðópnir nella dimora di Hel? Fjölsviðr allora rispose:

«Lævateinn si chiama,
Loptr la fece con le rune
giù oltre Nágrindr;
nello scrigno di ferro
sta presso Sinmara,
nove serrature possenti la tengono».

Vindkaldr ancora domandò: avrebbe potuto tornare a casa chi fosse partito in cerca di quella bacchetta? Fjölsviðr allora rispose:

«Indietro tornerà
colui che andrà in cerca
e vorrà prendere quella bacchetta,
se porterà ciò
che pochi posseggono
alla dea dell'oro».

Vindkaldr ancora domandò: avevano gli uomini qualche oggetto prezioso che potesse far felice la pallida gigantessa? Fjölsviðr allora rispose:

«La falce lucente
dovrai portare in uno scrigno,
che si trova nel corpo di Víðópnir,
per darla a Sinmara,
prima che ella si dica disposta
a concedere l'arma per la lotta».

Vindkaldr ancora domandò: come si chiamava quella sala che era circondata dal saldo bastione di fuoco? Fjölsviðr allora rispose:

«Lýr si chiama,
ed essa a lungo dovrà

all'apice della punta tremare;
di quella dimora splendente
durante il tempo avranno
notizie, pochi fra gli uomini».

Vindkaldr ancora domandò: chi fra i figli degli Asi aveva costruito quella sala che egli vedeva oltre il recinto? Fjölsviðr allora rispose:

«Uni e Íri,
Óri e Bári,
Varr e Vegdrasill,
Dóri e Úri,
Dellingr, Atvarðr,
Liðskjálfr, Loki».

Vindkaldr ancora domandò: come si chiamava quel monte sul quale vedeva sedere la gloriosa fanciulla? Fjölsviðr allora rispose:
«Lyfjaberg si chiama,
e a lungo esso è stato
una gioia ai malati e ai feriti;
sana ritorna,
sebbene gravemente malata,
 qualsiasi donna se a esso salga».

Vindkaldr ancora domandò: come si chiamavano le fanciulle che concordi sedevano ai piedi di Menglöð?

Fjölsviðr allora rispose:

«Hlíf si chiama la prima,
la seconda Hlílfþrasa,
Þjóðvarta la terza,
Björt e Bleik,
Blíð, Fríð,
Eir e Aurboða».

Vindkaldr ancora domandò: erano costoro soccorrevoli a chi offrisse loro sacrifici in caso di bisogno? Fjölsviðr allora rispose:

«Solerti soccorrono
dovunque gli uomini sacrifichino loro
nel luogo sacro per l'altare;
mai un così grave pericolo
verrà ai figli degli uomini
che esse non li traggano d'impaccio».

Vindkaldr ancora domandò: c'era qualcuno fra gli uomini che potesse dormire fra le dolci braccia di Menglöð? Fjölsviðr allora rispose:

«Non c'è fra gli uomini
chi possa dormire
fra le dolci braccia di Menglöð,
se non Svipdagr solo;

a lui la fanciulla
   luminosa come il sole, in sposa fu
   promessa».

   Vindkaldr allora esclamò:
   «Spingi la porta,
   spalanca il cancello,
   qui puoi vedere Svipdagr;
   ma tuttavia va' a vedere,
   se voglia accogliere
   Menglöð il mio amore!»

Fjölsviðr allora si rivolse a Menglöð e le disse dell'arrivo di quell'uomo, che ella andasse a vedere l'ospite per il quale i cani facevano festa e la casa era aperta: egli pensava che si trattasse di Svipdagr.

Menglöð tuttavia dapprima minacciò: se mentiva sarebbe finito su un'alta forca e corvi sapienti gli avrebbero strappato via gli occhi; chi era dunque in realtà quello straniero venuto alla sua dimora da tanto lontano? Da dove giungeva? Da dove aveva iniziato il cammino? Di chi era figlio? Ella voleva sapere la stirpe e il nome come conferma che proprio a lui era stata promessa. Svipdagr rispose:

   «Svipdagr mi chiamo,
   Sólbjartr mio padre si chiamava,
   di là fui spinto per sentieri freddi di vento;

alla parola di Urðr
nessun uomo può opporsi,
quand'anche ciò gli comportasse colpa».

Allora Menglöð accolse Svipdagr senza oltre indugiare: perchè il suo volere si era compiuto, fece seguire al saluto un bacio. Ora la rallegrava la vista dell'amato bene, dopo che a lungo, giorno dopo giorno, sola in Lyfjaberg aveva atteso che il giovane giungesse alla sua dimora. Il desiderio reciproco dell'amore e del piacere era stato esaudito, essi sarebbero da allora vissuti insieme per sempre.

Hervör

Il cancello di Hel si è spalancato,
i tumuli si stanno aprendo,
tutti i confini dell'isola sono in fiamme!
e ci sono spettri orribili a vedersi.
Ritorna, fanciulla, in fretta alla tua nave
che attende la marea.
Hervararkvidha, 30

Sebbene il movimento da un mondo all'altro fosse considerato un fenomeno piuttosto comune, trovarsi fra i due mondi, quello dei vivi e quello dei morti, non rappresentava comunque un'esperienza gratificante. Uno degli esempi più significativi è il tormentato viaggio intrapreso dalla giovane eroina Hervör per recuperare la spada di suo padre. La spada è l'arma eccellente del guerriero, maschile, incisiva, penetrante e decisa. Esprime la capacità di agire energicamente, di superare un ostacolo o un nemico grazie a una forza risoluta ed efficace.

Hervör, la nipote dello *jarl* Bjartmar e figlia di Angantyr, colui che era entrato in possesso della spada Tyrfing, su cui gravava la maledizione dei nani, trascorreva le giornate ignorando i lavori domestici, finché un giorno i servi s'infastidirono del suo atteggiamento e le rivelarono la verità sui suoi genitori, che fino ad allora le era stata occultata: le dissero che lei era una serva e che il suo vero padre era Angantyr, di origini umili e che era un furioso *berserkr*.

Adirata per queste parole, la ragazza decise di andare dallo *jarl* e gli disse che non poteva gloriarsi del loro nobile nome, dal momento che suo padre, che lei credeva fosse un eroe, in realtà era uno che si prendeva cura dei porci. Lo *jarl* le rispose che le era stata detta una piccola bugia, ma in realtà il padre era ritenuto un eroe tra gli uomini di valore; poi aggiunse che il suo il tumulo si trovava sull'isola di Samsø.

Hervör espresse il desiderio di andare alla ricerca dei tumuli di suo padre e dei suoi parenti, perché certamente vi avrebbe trovato delle ricchezze che sarebbero passate a lei, se non fosse morta nell'impresa. Per cui disse che avrebbe raccolto i suoi capelli e che non avrebbe più indossato i suoi abiti da donna, chiedendo che il mattino successivo le fossero portati dei vestiti da uomo e un mantello. Allora si recò dalla madre e le chiese di equipaggiarla come avrebbe fatto con un figlio, poiché ormai ciò che lei sognava non le avrebbe permesso di assaporare più alcuna gioia in quel luogo. E così partì da sola, equipaggiata e armata come un uomo, dirigendosi verso un luogo dove c'erano dei vichinghi a cui si unì sotto mentite spoglie e con il nome di Hervard. In poco tempo si mise al comando di questa banda e, quando giunsero sull'isola di Samsø, manifestò loro l'intenzione di sbarcare sull'isola, perché c'erano dei tesori che l'aspettavano nei tumuli dei suoi parenti defunti. Tutti gli uomini della compagnia si opposero, dicendo che l'isola era infestata da creature malvagie che si aggiravano di giorno e di notte e che camminare in quel luogo alla luce del giorno era peggio che in molti altri al buio. Sorda alle parole del suo equipaggio, Hervör ordinò che venisse gettata l'ancora; poi salì su una barca e, remando verso la riva, sbarcò, quando ormai il sole era al tramonto, a Munarvág, dove s'imbatté in un pastore con il suo gregge. Questi non appena vide Hervör chiese: «Chi tra i mortali si aggira nell'isola? Vieni a casa con me, perché qui è pericoloso stare all'aperto dopo il tramonto; e io ho fretta di tornare a casa».

Hervör rispose: «Non ho bisogno di trovare alcun rifugio», e aggiunse: «sono estraneo alla popolazione dell'isola; piuttosto, prima che tu vada via, dimmi dove sono i tumuli detti di Hjörvardh».

Il pastore la pregò di non chiederglielo, perché non era da persone sagge, e le consigliò di allontanarsi al più presto da quel luogo. Ma la fanciulla insisteva ostinatamente per avere indicazioni su dove fossero i tumuli dei suoi parenti. Il pastore, invece di rispondere, continuava a pregarla di andarsene, arrivando persino a offrirle la sua collana d'oro se fosse andata via con lui; ma lei replicò che niente avrebbe potuto farle cambiare idea. «Devi essere sicuramente pazzo», continuò il ragazzo, «se vuoi esplorare di notte ciò che nessuno osa visitare nemmeno a mezzogiorno». Ma Hervör era irremovibile nel suo proposito e il pastore, resosi conto della sua caparbietà e udendo i primi brontolii del terreno, fu preso dallo spavento e si precipitò furiosamente verso il bosco senza mai voltarsi indietro. Quando il sole tramontò si udirono brontolii in tutta l'isola, la terra si aprì, le fiamme guizzarono fuori dai tumuli e campi e paludi incominciarono a bruciare. Fu allora che Hervör vide dove ardevano i fuochi dei tumuli e si avvicinò imperterrita, avanzando tra i fuochi come se non fossero altro che nebbia, finché si trovò dinanzi ai tumuli dei *berserkir*, dove chiamò a gran voce suo padre:

«Svegliati, Angantyr, è Hervör che ti invita a svegliarti, la progenie di Sváfa, la tua unica figlia; prendi la lama affilata dall'oscuro tumulo e dammela; la spada forgiata dai nani per conto di Sigrlami. Hervard, Hjörvardh, Hrani, Angantyr! Qui da sotto le radici degli alberi vi invito ad apparire, vestiti di finimenti e cotta di maglia, con scudo e spadone d'acciaio affilato, con gli elmi e le lance arrossate. I figli di Arngrim e il seme di Eyfura sono davvero così cambiati e trasformati in cumuli di polvere? Nessuno qui a Munarvág rivolge la parola a colei che è venuta da così lontano per parlare con i vecchi?».

E poi continuò a invocare il padre e i suoi parenti, augurando loro grandi tormenti se non avessero ascoltato le sue parole e chiedendo con insistenza la spada Tyrfing, forgiata da Dvalinn. Se non si fossero decisi a darle la spada, poiché non si addiceva ai morti impugnare una buona arma, li avrebbe maledetti e augurato loro un prurito frenetico nelle costole, fino a farli contorcere nell'agonia, come se fossero stati deposti in un formicaio per il loro ultimo riposo. Allora dal tumulo si udì la voce di Angantyr: «Hervör, figlia mia, cosa ti spinge a pronunciare parole di maledizioni su di noi? Sei forse impazzita? Hai perso il senno a svegliare i morti, gli abitanti delle tombe? Nessun padre o parente mi ha seppellito dove ora giaccio, ma sono stati i nostri uccisori a seppellirci, per cui io non ho la spada. I due che non furono uccisi presero Tyrfing, ma ora la possiede uno solo di loro».

Hervör, però, non era affatto convinta della risposta del padre, sospettando che stesse mentendo; e ancora una volta minacciò maledizioni su di lui, se l'avesse privata di ciò che le apparteneva di diritto in quanto sua unica erede. Poi il tumulo si aprì, interamente circondato di fuoco e fiamme, e Angantyr esortò la figlia ad andarsene: «I tumuli si stanno aprendo! Come puoi vedere, tutti i confini dell'isola sono in fiamme! Il cancello di Hel si è spalancato e ci sono spettri che sono orribili a vedersi. Ritorna in fretta, fanciulla, alla tua nave che attende la marea».

Ma a nulla servirono le esortazioni del padre. Infatti, Hervör ribatté che nessun fuoco che guizzava dalle tombe né alcun terribile destino avrebbero potuto spaventarla, perché il suo cuore non conosceva la paura, nemmeno se si fosse presentato un fantasma sulla soglia della tomba.

Angantyr la implorò di prestargli ascolto, e la mise al corrente di quello che sarebbe stato il suo destino. Innanzitutto le disse che Tyrfing sarebbe stata una maledizione per tutta la loro progenie, fino a quando la loro stirpe non sarebbe stata cancellata; poi le predisse anche che avrebbe partorito un figlio, di nome Heidrek, il quale, grazie a quella spada maledetta, avrebbe compiuto grandi azioni e guadagnato una grande fama. Ma Hervör non volle sentire ragioni e continuò a chiedere insistentemente, alternando maledizioni a suppliche, ciò che lui stava cercando di nasconderle.

Angantyr allora mise in dubbio che lei fosse un essere mortale, dal momento che si aggirava nell'orrore della notte tra i tumuli e stava ferma sulla soglia della tomba, con l'elmo, la corazza e la spada. Hervör reagì dicendo che sì, era proprio una mortale colei che era venuta a svegliare i cadaveri nelle loro tombe, e reclamò per l'ennesima volta la spada dal taglio affilato che lui cercava inutilmente di nascondere. Angantyr, a quel punto, le disse che Tyrfing, la spada che aveva dato il colpo mortale a Hjalmar, era nella sua tomba, sotto le sue spalle, ma era avvolta dalle fiamme; non esisteva donna al mondo che avrebbe osato prendere l'arma con le proprie mani. «C'è una serva, o Angantyr», rispose Hervör, «che desidera maneggiare quella spada affilata; e quella serva sono io! Non mi importa affatto se i fuochi della tomba divampano tutt'intorno; le fiamme vacilleranno e scompariranno davanti al mio sguardo!». Angantyr le rispose accorato: «O Hervör, fanciulla mia, è una follia, una terribile follia, attraversare le fiamme del fuoco con gli occhi aperti. Piuttosto che lasciarti fare una cosa del genere, anche se a malincuore, ti darò io la maledetta spada, mia piccola, tenera fanciulla». E così dicendo Angantyr le porse la spada, mentre Hervör, esultante di gioia, disse che ora che la possedeva si sentiva la regina delle vaste terre del Nord, la conquistatrice della Norvegia.

Ma Angantyr subito cercò di spegnere l'entusiasmo della figlia, affermando che le sue speranze erano effimere e che presto il rossore di gioia dal suo viso sarebbe scomparso, perché, le ripeté per l'ennesima volta, che quella spada sarebbe stata la distruzione di tutta la loro stirpe. Poi le consigliò di non toccare mai la lama, perché intrisa di veleno su ambo i lati. Hervör, in preda all'eccitazione, rispose che niente avrebbe potuto turbare l'immensa gioia che provava in quel momento; quanto alla loro stirpe, non le importava niente del destino dei figli, che ancora non aveva e che nemmeno aveva mai immaginato di volere.

Angantyr, a quel punto, prese commiato dalla figlia: «Addio, o figlia mia, volentieri ti darei la vita di dodici eroi, la mia e quella dei miei fratelli; ti darei la forza, il vigore, la durezza e tutto ciò che avevamo di fantastico e di buono, e che ormai è svanito e morto».

Hervör rimase ad ascoltarlo in silenzio, poi si accomiatò dal padre con queste parole: «Addio, addio a tutti voi, o defunti! Possiate voi tutti giacere illesi nel luogo in cui riposate. Il cuore mi esorta ad affrettarmi; sicuramente in preda al terrore mi è sembrato di essere tra il mondo della Vita e quello della Morte, quando tutt'intorno a me bruciavano i fuochi delle tombe».

E dopo aver pronunciato queste parole, Hervör si allontanò e si diresse verso le sue navi, ma quando giunse l'alba, vide che i suoi uomini erano già partiti, spaventati dai rimbombi e dalle fiamme provenienti dall'isola. Hervör rimase sull'isola, finché non riuscì ad avvistare una nave che la prese a bordo e la portò lontano da quel luogo.

Il dio sacrificato

Solo attraverso il sacrificio e la morte è mediato e fatto certo il rinnovarsi della vita. Il figlio di Odino, Baldr, dio buono e luminoso, è la vittima innocente: egli deve essere sottratto a questo mondo per prepararsi a regnare nel ciclo futuro. Nel celebre mito, che riferisce della sua morte, possono tuttavia al contempo essere riconosciute (insieme a influssi cristiani non improbabili) le strutture consuete nei miti relativi alle divinità della vegetazione, la descrizione di un itinerario iniziatico, la trasposizione drammatica del perenne, cosmico conflitto tra le forze dell'oscurità e quelle della luce (qui, in particolare, il sole).

La più dolorosa delle storie che riguardano gli dèi è senza dubbio quella che riferisce della morte di Baldr, in merito alla quale vi sono racconti analoghi in differenti tradizioni (come la storia di Lemmenkaien nella tradizione finnica, Rustem in quella persiana, Toledoth Jeshua in quella ebraica, Tammuz in quella babilonese, Ἄδωνις [Adone] in quella greca) e un parallelo all'interno del mondo germanico nella breve allusione alla vicenda di Hæðcyn che uccise con una freccia il fratello Herebeald. La morte di Baldr, trattandosi d'altronde di un sacrificio, è stata interpretata soprattutto come lotta delle tenebre contro il dio sole o come rito legato ai culti della vegetazione, ma pure quale procedura iniziatica fondata sul motivo dell'antagonismo padre-figlio o versione nordica della morte di Cristo.

L'inizio fu che Baldr il Buono venne visitato da sogni spaventosi che preannunciavano gravi pericoli per la sua vita. Quando egli lo riferì agli dèi, essi tennero consiglio ed erano molto preoccupati.

Odino decise allora di recarsi in Niflhel, nell'infimo dei mondi, dove avrebbe potuto interrogare una veggente sulla sorte del figlio. Egli dunque sellò il destriero Sleipnir e cavalcò alla volta del regno infero. Sulla strada gli si fece incontro un cane: aveva il petto insanguinato e a lungo abbaiò al padre degli incantesimi. Questi tuttavia procedette – il sentiero risonava sotto di lui – e infine giunse all'alta dimora di Hel.

Odino si recò alla porta orientale presso la quale giaceva l'indovina: senza indugio prese a recitare i canti che ridestano i morti ed ella fu costretta a rialzarsi e a parlare. «Che uomo è costui, a me sconosciuto, che mi costringe al faticoso viaggio? Io ero coperta di neve, battuta dalla pioggia, intrisa di rugiada: da tanto ero morta».

Odino rispose dicendo di chiamarsi Vegtamr, figlio di Valtamr, e la invitò a parlare dal mondo dei morti a lui che proveniva dal regno dei viventi. Voleva sapere quale fosse l'ospite che Hel attendeva; lì infatti vedeva i sedili della sala cosparsi di anelli e le panche ricoperte d'oro.

L'indovina rispose: «L'idromele, bevanda che risplende, è stato preparato per Baldr, sopra vi è posto uno scudo. I figli degli Asi sono nell'angoscia. Costretta ho parlato, ora devo tacere».

Odino insistette e ancora la invitò a parlare: voleva sapere chi sarebbe stato l'assassino di Baldr, chi avrebbe tolto la vita a suo figlio.

L'indovina rispose: «Höðr alzerà il rametto fatale, egli toglierà la vita al discendente di Odino. Costretta ho parlato, ora devo tacere». Ma Odino insistette una volta di più, e ancora volle sapere chi avrebbe vendicato la morte di Baldr.

Ella rispose: «Rindr genererà Váli nelle sale dell'Ovest; egli, figlio di Odino, combatterà e avrà solo una notte di vita. Non si laverà le mani né si pettinerà il capo prima di aver mandato al rogo il nemico di Baldr. Costretta ho parlato, ora devo tacere».

Odino insistette ancora per conoscere tutta la verità, e ancora domandò chi fossero le fanciulle piangenti e affrante dal lutto che avrebbero gettato al cielo i loro veli. Questa volta però l'indovina rispose così: «Tu non sei Vegtamr, come io credevo, piuttosto sei Odino, antico Gautr!» Egli ribatté: «Tu non sei un'indovina, né una donna sapiente, piuttosto sei la madre di tre giganti!» Ed ella ancora: «Torna a casa, Odino, e sii fiero! Nessuno fra gli uomini da me più verrà prima che Loki sia libero dai legami e giunga il crepuscolo degli dèi distruttore».

Odino dunque cavalcò verso casa e riferì ciò che

l'indovina gli aveva rivelato. Questa profezia parve agli Asi preannunzio di una disgrazia grave ed essi vollero cercare protezione per Baldr contro ogni pericolo. Allora Frigg sua madre raccolse da tutti gli esseri la promessa che non avrebbero fatto del male a Baldr. Tutti giurarono: il fuoco e l'acqua, il ferro e tutti i metalli, le pietre, la terra, gli alberi, le malattie, gli animali, gli uccelli, il veleno, i serpi. Tutti promisero che avrebbero risparmiato Baldr. Quando ciò fu compiuto, Baldr e gli altri dèi presero a divertirsi così: nelle assemblee egli si metteva ritto nel mezzo e tutti gli gettavano contro qualcosa; alcuni lo colpivano, altri gli gettavano pietre. Infatti, qualunque cosa fosse fatta, a lui non ne veniva alcun male, e tutti giudicavano che ciò fosse un grande onore per lui.

Quando Loki vide queste cose, fu molto dispiaciuto che nulla facesse del male a Baldr. Egli perciò si travestì da donna e andò a Fensalir da Frigg. Frigg domandò a quella donna se sapesse che cosa facevano gli Asi nell'assemblea. Ella rispose che tutti gettavano qualcosa contro Baldr senza che egli ne venisse danneggiato. Allora Frigg disse: «Né le armi né le piante possono fare del male a Baldr: ho raccolto giuramenti da ciascuno di loro».

La donna domandò: «Tutte le cose hanno giurato di risparmiare Baldr?» Frigg rispose: «Una piantina cresce a occidente della Valhalla, che si chiama vischio: mi parve troppo giovane per chiederle di giurare». Subito la donna si dileguò. Loki staccò la piantina di vischio e si recò all'assemblea. Gli dèi stavano in cerchio attorno a Baldr; là c'era anche Höðr, ma se ne stava in disparte perché era cieco. Loki andò da lui e domandò: «Perché non getti qualcosa contro Baldr?» Quello rispose: «Perché non vedo dove si trova e per di più non ho un'arma». «Fai anche tu come gli altri», suggerì Loki, «e rendigli onore come tutti. Io ti indicherò dove sta. Gettagli questo rametto!» Höðr prese allora il rametto di vischio e lo gettò contro Baldr secondo le indicazioni di Loki: esso volò come una freccia, Baldr fu trafitto e cadde a terra morto. Mai vi è stata una disgrazia peggiore fra gli uomini e gli dèi.

Quando gli Asi videro che Baldr era morto furono annichiliti e ammutolirono dal dolore. Si guardavano increduli l'un l'altro e tutti avevano il medesimo pensiero contro colui che aveva compiuto questo misfatto. Tuttavia non potevano vendicarsi a motivo della santità del luogo. Quando fecero per parlare proruppero in pianto e nessuno era capace di esprimere il proprio dolore con le parole. Odino soffriva più degli altri perché ben sapeva quale tremenda disgrazia fosse per gli Asi la morte di Baldr. Quando gli dèi si riebbero, Frigg parlò per prima e domandò se ci fosse qualcuno che volesse guadagnarsi tutto il suo amore e la sua devozione andando nel regno infero a cercare Baldr e a chiedere che Hel gli permettesse di tornare in Ásgarðr.

Si offrì per quel viaggio uno degli Asi, Hermóðr il Gagliardo, figlio di Odino. Allora fu condotto il cavallo di Odino, Sleipnir; Hermóðr montò in sella e cavalcò via. Gli Asi presero il cadavere di Baldr e si apprestarono a tributargli gli onori funebri. Così lo trasportarono fino al mare, dove c'era la nave di Baldr che si chiamava Hringhorni: la nave più grande che ci fosse. Gli dèi volevano allestirvi la pira di Baldr. La nave era posta su dei rulli, ma non riuscirono a smuoverla. Perciò fu mandata a chiamare da Jötunheimr una gigantessa che aveva nome Hyrrokkin: ella giunse in sella a un lupo e aveva per briglie dei serpi.

Quando smontò, Odino chiamò quattro *berserkir* che facessero la guardia al lupo; essi però non riuscirono a tenerlo fermo finché non lo abbatterono. Hyrrokkin andò alla prua della nave e al primo scossone la spinse talmente forte che i cilindri su cui era posta presero fuoco e tutta la terra tremò. Allora Thor si infuriò e voleva spaccarle la testa col martello: gli altri dèi tuttavia intercedettero per lei. Poi il cadavere di Baldr fu adagiato sulla nave e quando Nanna sua sposa lo vide, schiantò dal dolore e morì: anche lei dunque fu posta sulla pira alla quale venne dato fuoco.

Thor si avvicinò e consacrò il rogo col martello Mjöllnir; in quel momento davanti ai suoi piedi passò correndo Litr, un nano. Il dio gli diede un calcio gettandolo nel fuoco, dove bruciò. A questa cremazione assistette una folla di vario genere. Per primo naturalmente Odino e con lui Frigg, i corvi e le valchirie. Poi Freyr sul carro trainato dal verro Gullinbursti, poi Heimdallr a cavallo di Gulltoppr e Freyja sul carro trainato dai gatti. Anche molti giganti del ghiaccio e delle montagne si recarono a omaggiare Baldr.

Odino gettò sulla pira Fanello Draupnir, perché Baldr lo avesse nel regno dei morti; da allora esso ebbe la caratteristica che ogni nove notti ne scaturivano otto anelli di eguale peso. Anche il cavallo di Baldr con tutti i finimenti fu bruciato con lui perché seguisse agli inferi il suo padrone.

Ora bisogna dire che nel frattempo Hermóðr aveva cavalcato per ben nove notti in valli oscure e profonde dove non si vedeva nulla; infine giunse al fiume Gjöll e cavalcò sul ponte Gjallarbrú che lo attraversa: esso è coperto d'oro splendente. A guardia di quel ponte sta una fanciulla di nome Móðguðr: costei gli domandò il nome e la stirpe e osservò che egli non sembrava appartenere al mondo dei morti. Il ponte, infatti, rintronava ben più forte al passaggio di lui solo di quanto non avesse fatto il giorno prima quando era stato attraversato da cinque schiere di morti.

«Inoltre», ella disse, «tu non hai il colore dei cadaveri.» Ma perché allora si recava da Hel? Hermóðr rispose che stava andando a cercare Baldr. Le domandò anzi se lo avesse visto passare per quella via. Ella rispose di sì, che Baldr era transitato sul ponte e aggiunse che il sentiero di Hel correva verso il basso e in direzione nord. Hermóðr dunque proseguì finché giunse ai cancelli di Hel. Allora scese da cavallo, assicurò i finimenti, rimontò e diede di sprone; così il cavallo saltò tanto in alto al di sopra del cancello che giunse lontano. Hermóðr si recò alla sala, scese da cavallo ed entrò: là vide suo fratello Baldr seduto sul trono e con lui si trattenne per la notte.

Il mattino dopo Hermóðr chiese a Hel che Baldr potesse tornare a casa con lui e disse quanto era grande il lutto fra gli dèi. Hel rispose che doveva essere provato quanto grande fosse l'amore per Baldr, perciò aggiunse che se tutti gli esseri della terra, vivi e morti, lo avessero pianto, ella avrebbe acconsentito che Baldr tornasse fra gli Asi, ma se qualcuno si fosse rifiutato egli avrebbe dovuto rimanere da lei. Allora Hermóðr si preparò a partire: Baldr lo accompagnò fuori della sala e gli consegnò l'anello Draupnir per Odino come ricordo; Nanna invece mandò a Frigg un telo e altri doni e a Fulla un anello d'oro. Hermóðr tornò indietro, giunse in Ásgarðr e riferì tutto ciò che aveva visto e udito. Subito gli Asi inviarono messaggeri per il mondo per chiedere a ogni essere di piangere Baldr affinché egli potesse tornare indietro da Hel. Tutti acconsentirono e piansero per Baldr: gli uomini, gli animali, la terra, le pietre, gli alberi e i metalli – questi ultimi come fanno quando passano dal freddo al caldo. Quando i messaggeri tornarono a casa dopo aver ben compiuto la loro missione, trovarono una gigantessa, che viveva in una caverna, e che si chiamava Þökk. Anche a lei fu chiesto di piangere perché Baldr potesse tornare indietro dal regno dei morti. Quella però rispose così:

«Þökk piangerà
lacrime asciutte
per il funerale di Baldr;

né da vivo né da morto
ebbi vantaggio dal figlio dell'uomo,
si tenga Hel ciò che ha».

Si sospetta che si trattasse di Loki, figlio di Laufey, il quale ha provocato la maggior parte del male fra gli dèi. Ma la morte di Baldr non rimase impunita. Höðr, sebbene incolpevole, era l'esecutore materiale del delitto: perciò dovette seguire Baldr nel regno dei morti. Secondo quanto aveva predetto l'indovina, egli fu ucciso da Váli, figlio di Odino, nato per vendicare l'assassinio di Baldr. Sua madre era Rindr, ma è detto che per ottenere il suo amore Odino dovette ricorrere alla magia e all'astuzia, perché ella non era disposta a concedersi. Höðr dunque raggiunse Baldr nel regno dei morti e lì resterà con lui, per tornarne nell'ultimo giorno. Ma il vero colpevole della morte di Baldr, il mandante maligno di questo delitto era, come si è detto, il perfido Loki.

Immaginando che gli dèi lo avrebbero punito per il suo misfatto, egli era fuggito da Ásgarðr e aveva trovato rifugio su una montagna, dove aveva costruito una casa con quattro porte in modo da poter guardare in tutte le direzioni. Durante il giorno spesso si trasformava in salmone e si nascondeva nella cascata di Fránangr. Là pensava fra sé agli stratagemmi che gli dèi avrebbero dovuto escogitare per catturarlo. Quando rimaneva in casa se ne stava davanti al fuoco e annodava del lino al modo in cui da allora si fa una rete. Una volta s'avvide che gli

Asi erano arrivati vicino a lui, poiché da Hliðskjálf Odino aveva visto dove si trovava. Allora gettò la rete nel fuoco e andò a nascondersi nel fiume. Quando gli dèi arrivarono alla sua casa, entrò per primo il più saggio che si chiamava Kvasir: egli vide la rete carbonizzata, comprese che era un arnese per pescare e lo disse agli Asi. Sul modello di quella essi prepararono un'altra rete e quando fu pronta andarono al fiume e la gettarono nella cascata. Thor la teneva da una parte e tutti gli altri dèi dall'altra e così tirarono la rete.

Loki però le nuotò davanti e si nascose tra due pietre, perciò essa passò sopra di lui. Ma gli dèi avvertirono che c'era qualcosa di vivo e tornarono indietro; assicurarono alla rete dei pesi acciocché nulla potesse passarle di sotto e di nuovo la gettarono. Loki nuotava davanti, ma quando si accorse di essere vicino al mare, saltò all'indietro oltre il bordo della rete e risalì verso la cascata. Ora però gli dèi sapevano dov'era; ancora tornarono alla cascata e divisero le forze: Thor guadava nel mezzo del fiume mentre gli altri andavano verso il mare. Loki valutò due possibilità: o saltare in mare – e questo era un pericolo mortale – o di nuovo saltare indietro oltre la rete. Questo fece, quanto più agilmente poté, ma Thor lo afferrò. E poiché Loki gli scivolava fra le mani, egli lo trattenne stringendolo alla coda: questa è la ragione per cui il corpo del salmone si assottiglia verso la coda. Loki era quindi catturato senza scampo e fu condotto in una grotta.

Gli dèi presero tre massi piatti, li rizzarono sul bordo e

fecero un foro in ciascuno. Poi catturarono i figli di Loki Vali e Narfi: il primo fu trasformato in lupo e sbranò Narfi suo fratello. Con le budella gli dèi legarono Loki sopra le tre pietre aguzze: una sotto le scapole, l'altra sotto i lombi, la terza sotto l'incavo delle ginocchia, e quei legami divennero di ferro. Skaði prese un serpe velenoso e lo appese sopra di lui in modo che il veleno sempre gli goccioli sul viso. Ma Sigyn, moglie di Loki, sta accanto a lui e regge un catino sotto il gocciolio del veleno. Quando il catino è colmo ella va a vuotarlo e così il veleno gocciola sul volto di Loki; egli allora terribilmente si scuote e in tal modo provoca i terremoti sulla terra.

Loki rimarrà incatenato fino al crepuscolo degli dèi.

THE PUNISHMENT OF LOKI.

Il duello di Thor contro il gigante Hrungnir

Con stolta ripetitività i giganti si ostinano a misurarsi con gli dèi, inseguendo il sogno impossibile della loro rovina, fino al momento dello scontro cosmico dell'ultimo giorno. Anche questo mito riferisce del loro desiderio di impadronirsi di figure e simboli in cui è contenuta la forza vivificante e rinnovatrice. Qui, oltre a Freyja, si trovano in pericolo Sif, sposa e dunque ricettacolo della fecondità del dio del tuono, e il Valhalla, luogo di eterno rinnovamento e splendore.

Avvenne una volta che, mentre Thor si trovava in Oriente a combattere i giganti, Odino cavalcò su Sleipnir fino in Jötunheimr e giunse alla dimora di un gigante di nome Hrungnir. Costui lo vide e fu ammirato del destriero del dio. Allora domandò: «Chi è quest'uomo dall'elmo d'oro che cavalca nell'aria e nell'acqua?» E aggiunse: «Tu possiedi un cavallo veramente straordinario».

Odino si disse pronto a scommettere la testa che, in tutto Jötunheimr, non c'era un destriero altrettanto rapido, ma Hrungnir ribatté che, sì, quello era un buon cavallo, tuttavia egli stesso ne possedeva uno di nome Gullfaxi1 che era senz'altro migliore. Così il gigante s'infuriò e salì in groppa al cavallo pensando di ripagare Odino della sua vanteria. Odino cavalcava veloce e scomparve dietro una collinetta. Hrungnir era così preso dalla furia dei giganti che si rese conto di dove era giunto soltanto dopo aver oltrepassato il cancello ed essere entrato nel recinto sacro di Ásgarðr. Allora gli Asi lo invitarono a bere, ed egli fu servito nelle coppe dalle quali era solito bere Thor. Hrungnir le vuotò e quando fu ubriaco non fece mancare le parole grosse: disse che voleva prendersi il Valhalla e portarla in Jotunheimr, sprofondare Ásgarðr e uccidere tutti gli dèi, tranne Freyja e Sif: esse sarebbero dovute andare con lui. Mentre Freyja gli serviva da bere egli aggiunse che avrebbe bevuto tutta la birra degli Asi. Quando gli dèi ne ebbero abbastanza delle sue grandi sbruffonate, mandarono a chiamare Thor. Subito egli tornò ed era assai infuriato e pronto a colpire col martello: domandò chi avesse permesso che i giganti bevessero nelle dimore degli dèi e perché Hrungnir potesse stare nel Valhalla e ancora perché Freyja dovesse servirlo come al convito degli Asi.

Hrungnir guardò Thor con aria ostile e rispose che egli era stato invitato lì da Odino e che si trovava nella dimora degli dèi sotto la sua protezione. Thor disse che prima di andarsene si sarebbe pentito di aver accettato quell'invito. Hrungnir ribatté che sarebbe stata un'azione vile e disonorevole ucciderlo ora, mentre era disarmato. Ben più coraggio sarebbe servito – disse – per battersi a duello presso il confine nel luogo detto Grjótúnagarðar. Aggiunse anche che, se avesse avuto con sé il suo scudo e la sua cote, non avrebbe esitato a misurarsi col dio. «Tuttavia ti chiamerò vigliacco, se mi uccidi quando sono disarmato.» Thor fu subito disposto ad accettare quel duello anche perché era la prima volta che qualcuno lo sfidava. Hrungnir partì e ritornò in Jötunheimr. Presto la notizia del duello imminente si diffuse fra i giganti: sapevano che la posta in gioco era assai alta e che se Hrungnir avesse dovuto soccombere sarebbe stato per loro un grave guaio, perché egli era il più forte fra loro. Così i giganti costruirono un uomo di fango alto nove miglia e largo tre sotto le ascelle. Tuttavia non trovarono un cuore abbastanza grande finché non lo presero a una cavalla. Quel cuore non era certo saldo quando giunse Thor. Di Hrungnir è detto che aveva un cuore fatto di pietra, appuntito e con tre corna. Egli inoltre aveva anche la testa di pietra. Di pietra poi era lo scudo: esso era largo e spesso, e Hrungnir lo reggeva davanti a sé quando ritto presso Grjótúnagarðar attendeva Thor. Sulla spalla teneva la sua arma, che era una cote e aveva davvero un aspetto terrificante.

Il gigante di fango, di nome Mökkurkálfi, era al suo fianco: era così impaurito che a quanto pare alla vista di Thor se la fece sotto. Thor giunse dunque sul luogo del duello e con lui Þjálfi. Questi corse avanti veloce là dove stava Hrungnir e gli disse: «Sei incauto o gigante a restare ritto con lo scudo davanti, Thor ti ha visto e viene da te sottoterra e dal basso ti attaccherà». Allora Hrungnir si gettò lo scudo sotto i piedi e rimase fermo con la cote fra le mani. Subito dopo vide dei lampi di luce e udì un tuono possente. Era Thor, invaso dal furore divino, che avanzava brandendo il martello. E da lontano il dio scagliò la sua arma contro Hrungnir.

Hrungnir alzò la cote con entrambe le mani e a sua volta la scagliò contro Thor. Le due armi si scontrarono in volo e la cote si spezzò: una parte andò a conficcarsi nel terreno, di lì hanno origine sulla terra le cave di queste pietre. Una scheggia invece si infilò nella testa di Thor ed egli cadde in avanti. Il martello Mjöllnir colpì Hrungnir nel mezzo della fronte e gli frantumò il cranio in piccolissimi pezzi: anch'egli crollò in avanti addosso a Thor cosicché uno dei suoi piedi finì sul collo del dio. Þjálfi sconfisse Mökkurkálfi, che cadde con poco onore. Dopo di ciò si avvicinò a Thor sforzandosi di togliergli di dosso il piede del gigante, ma non ce la fece. Tutti gli Asi, saputo che Thor era caduto, andarono da lui per liberarlo dal piede, ma non vi riuscirono. Venne allora Magni, figlio di Thor e di Járnsaxa, che aveva appena tre notti di vita. Tolse il piede di Hrungnir dal collo di Thor e disse: «È un peccato, padre, che io sia arrivato così tardi. Penso che se avessi incontrato questo gigante lo avrei spedito all'altro mondo con un pugno».

Thor si alzò e si congratulò col figlio, il quale – disse – sarebbe divenuto tanto potente. Così decise che voleva regalargli il cavallo Gullfaxi, che Hrungnir aveva posseduto. Odino protestò, affermando che egli aveva agito male donando quel prezioso destriero a suo figlio anziché a suo padre. Poi Thor ritornò alla sua dimora a Þrúðvangar, ma aveva sempre la cote conficcata nella testa. Allora venne una maga che si chiamava Gróa, moglie di Aurvandill il Coraggioso. Ella cantò per lui degli incantesimi e la cote cominciò a smuoversi. Quando Thor si accorse che poteva essere liberato dalla cote volle ricompensare Gróa. Per renderla felice le raccontò di una volta in cui aveva guadato da nord a sud gli Elivágar, portando Aurvandill fuori da Jötunheimr sulle spalle in una gerla. Come prova le disse che uno degli alluci del gigante era rimasto fuori ed era gelato; perciò egli lo aveva spezzato e gettandolo nel cielo ne aveva fatto una stella di nome Aurvandilstà. Thor aggiunse pure che di lì a poco Aurvandill sarebbe tornato a casa.

Allora Gróa fu così felice che dimenticò l'incantesimo, e la cote rimase conficcata nella testa di Thor. È detto, infatti, che non si deve gettare una cote di traverso sul pavimento, altrimenti quella conficcata nella testa di Thor si muove.

Helgi

Helgi, il «consacrato», è una figura mitica la cui storia ci è tramandata nei carmi antichi dell'Edda. Due figure forse in origine distinte vengono accomunate nell'unica vicenda esemplare di un eroe amato e protetto da una valchiria, ucciso come vittima offerta a Odino e da questi accolto nel Valhalla. Ma il tema dominante della storia è la strepitosa forza dell'amore, grazie al quale l'eroe e la sua donna sovrannaturale torneranno in vita per ben due volte.

C'era un re che si chiamava Hjörvarðr ed ebbe quattro mogli. Una era Álfhildr e aveva un figlio di nome Heðinn; la seconda era Særeiðr, madre di Humlungr; la terza era Sinrjóð, madre di Hymlingr.

Re Hjörvarðr aveva deciso di prendere in moglie la donna più attraente che ci fosse. Egli aveva sentito dire che re Sváfnir aveva una figlia di nome Sigrlinn che era fra tutte le donne la più bella.

Lo *jarl* di Hjörvarðr si chiamava Iðmundr e aveva un figlio di nome Attila. Costui partì per andare a chiedere la mano di Sigrlinn per il re e rimase da Sváfnir per un inverno. Là c'era anche lo *jarl* Fránmarr, padre della fanciulla Álof e padrino di Sigrlinn. Alla fine lo *jarl* rifiutò la mano di Sigrlinn e Attila si rimise in viaggio per tornare a casa.

Un giorno Attila si trovava in un bosco: un uccello era in alto sui rami sopra di lui e aveva sentito che gli uomini discorrevano fra loro dicendo che le donne di re Hjörvarðr erano le più desiderabili. L'uccello parlò e Attila si mise in ascolto di quel che diceva: «Hai visto Sigrlinn, figlia di Sváfnir? Ella è la più bella fra tutte le fanciulle nel Paese dell'amore, sebbene le spose di Hjörvarðr paiano colme di ogni grazia in Glasislundr». Attila chiese al sapiente uccello di parlare ancora per lui. L'uccello rispose così: «Lo farò, se il principe vorrà innalzarmi un sacrificio e se potrò scegliere ciò che voglio dalla dimora del re». Attila lo pregò che non scegliesse il re né i suoi figli né le spose; meglio sarebbe stato accordarsi da amici. L'uccello allora rispose: «Sceglierò un tempio e molti altari, mucche dalle corna d'oro dalle stalle del re. Allora Sigrlinn dormirà fra le sue braccia e di buon grado seguirà il signore». Questo avvenne prima che Attila partisse.

Quando giunse a casa, re Hjörvarðr gli chiese notizie. Egli riferì l'esito negativo della missione: aveva faticato tanto ma senza risultato, invano aveva donato anelli d'oro alla fanciulla e i cavalli s'erano sfiancati inutilmente sulle alture e nel guado di un fiume. Re Hjörvarðr decise comunque che si sarebbero messi in viaggio una seconda volta. Giunti su una montagna, videro in Svevia incendi e nugoli di polvere alzati dai cavalli. Cavalcò allora il re giù dalla montagna, giunsero presso un fiume e si accamparono per trascorrere la notte. Attila montava di guardia. Allora attraversò il fiume e trovò una casa: sul tetto c'era un imponente uccello che faceva la guardia, ma era addormentato. Attila lo trapassò con la lancia, uccidendolo. Nella casa trovò Sigrlinn, figlia del re, e Álof, figlia dello *jarl*, e le portò via con sé. Lo *jarl* Fránmarr aveva assunto aspetto d'aquila per proteggerle mediante la magia. Era accaduto infatti che un re di nome Hróðmarr, pretendente di Sigrlinn, aveva messo a ferro e a fuoco la terra e aveva ucciso il re degli Svevi. Il re Hjörvarðr prese in sposa Sigrlinn e Attila Álof.

Hjörvarðr e Sigrlinn ebbero un figlio, robusto e bello. Tuttavia era taciturno e non aveva alcun nome. Una volta che sedeva su un'altura vide cavalcare nove valchirie; una fra loro era la più bella. Ella disse: «Ha cantato l'aquila nel mattino: passerà del tempo, Helgi, prima che tu, benché guerriero di animo coraggioso, disponga degli anelli o regga Röðulsvellir, se te ne resti silenzioso».

Helgi rispose: «Che cosa farai seguire al nome di Helgi, donna splendente, dacché me lo hai dato? Rifletti bene su ogni parola: io non accetterò altro che possedere te». La valchiria rispose che in un luogo detto Sigarshólmr c'erano delle spade, in numero di cinquanta meno quattro. Una fra tutte era la migliore, spada di rovina, in fodero d'oro. Sull'elsa c'era un anello, il coraggio nel mezzo, il terrore sulla punta, per chi la possedesse; sul filo un serpe rosso sangue con la coda ritorta sul dorso.

La valchiria che aveva dato il nome a Helgi era Sváva, figlia di Eylimi: ella cavalcava nell'aria e sull'acqua.

Successivamente protesse spesso l'eroe nelle battaglie. Helgi rimproverò a suo padre Hjörvarðr di non essere saggio, sebbene condottiero famoso: aveva appiccato il fuoco alle dimore di sovrani che non gli avevano arrecato offesa alcuna, mentre non aveva preso vendetta di Hróðmarr. A costui, principe impavido che pensava di amministrare un'eredità senza eredi, sarebbero rimasti i beni del padre di Sigrlinn. Hjörvarðr rispose al figlio che lo avrebbe aiutato a vendicare il nonno.

Helgi allora cercò la spada che Sváva gli aveva descritto, poi partì insieme ad Attila: uccisero Hróðmarr e compirono molte imprese eroiche. Helgi uccise il gigante Hati che viveva su un monte. Poi gettarono l'ancora nel fiordo di Hati. Attila rimase di guardia per la prima parte della notte.

Venne allora Hrímgerðr, figlia di Hati, e domandò chi fossero gli eroi impavidi che si erano ancorati nel fiordo innalzando gli scudi a riparo della nave e chi fosse il loro re. Attila rispose che Helgi era il nome del re: egli era un potente principe, le sue navi erano rinforzate col ferro, nulla avrebbero potuto le streghe contro di loro. Hrímgerðr domandò ancora chi fosse colui al quale il principe aveva affidato la guardia delle navi. Attila rispose con piglio minaccioso e senza tema rivelò il proprio nome; aggiunse, anzi, che molte volte aveva ucciso delle streghe. Poi, domandandole il nome suo e quello di suo padre, la insultò con le seguenti parole: «Nove miglia dovresti stare sottoterra, e ti cresca un albero nel petto!». Hrímgerðr disse il suo nome e che Hati era quello di suo padre: egli era stato un gigante possente, e aveva strappato molte fanciulle alle loro case, prima che Helgi lo uccidesse. Attila e Hrímgerðr iniziarono a insultarsi a vicenda: egli la accusò d'essere stata all'imboccatura del fiordo tentando di far naufragare le navi di Helgi e, se una lancia non l'avesse fermata, di inviare a Rán i suoi guerrieri. Ella ribatté che Attila era in preda al sonno e si sbagliava: sua madre era stata dinanzi alle navi di Helgi, mentre lei faceva annegare in mare i figli di Hlöðvarðr. Poi aggiunse: «Nitrire dovresti tu, Attila, se non fossi castrato, Hrímgerðr rizza la coda; ben più indietro io credo che sia il tuo cuore, sebbene tu abbia il nitrito da stallone». E Attila rispose: «Ti sembrerei uno stallone, se tu potessi provare e io venissi a terra dal mare; a morte saresti colpita se io facessi sul serio; allora abbasseresti la coda, Hrímgerðr».

Hrímgerðr sfidò Attila a battersi, perché di certo ella lo avrebbe dilaniato e ucciso. Attila disse che sarebbe andato, ma solo dopo che gli altri si fossero destati per montare la guardia al signore: sospettava infatti che una strega sarebbe venuta dal mare presso la nave. Hrímgerðr si rivolse allora a Helgi, lo destò e chiese un compenso per la morte del padre: perché l'offesa fosse cancellata ella voleva giacere almeno una notte accanto all'eroe. Helgi per tutta risposta la apostrofò dicendola schifosa per gli esseri umani, solo destinata a Loðinn, gigante detestabile che aveva dimora fra le pietre: quello era l'unico "uomo" adatto per lei! Hrímgerðr rispose: «Quella vorresti piuttosto, Helgi, che perlustrò il porto, la notte scorsa, coi tuoi uomini; fanciulla riccamente ornata d'oro che a me parve superiore per forza; qui ella venne a terra dal mare e in tal modo rese sicura la vostra flotta. Lei sola ha potere acciocché io non possa uccidere gli uomini del sovrano». Helgi domandò: era una sola o più che avevano salvato le navi del principe? Questo Hrímgerðr doveva dire se voleva che egli facesse ammenda del male arrecato. Hrímgerðr rispose: «Tre volte nove fanciulle, tuttavia una sola cavalcava innanzi, bianca fanciulla con l'elmo; s'agitavano i cavalli, dalle criniere scendeva rugiada nella valle profonda, grandine in alto nel bosco: di là viene nei mondi l'abbondanza; tutto era per me odioso, ciò che vidi».

Queste furono le sue ultime parole; il sole infatti stava sorgendo in quell'istante: ora, come disse Attila, ella sarebbe morta con lo sguardo rivolto a oriente; con rune di morte Helgi l'aveva sopraffatta, trattenendola fino all'arrivo del giorno; immagine di pietra, ella sarebbe rimasta oggetto di scherno, insegna del porto. Re Helgi, potente guerriero, si recò da re Eylimi e chiese in sposa Sváva, sua figlia. Helgi e Sváva si amavano molto e si giurarono fedeltà. Quando Helgi partecipava a una spedizione militare, ella restava a casa con suo padre. Come si è detto, Sváva era una valchiria.

Heðinn, fratellastro di Helgi, si trovava in Norvegia nella casa di Hjörvarðr suo padre. Avvenne una volta, la sera della vigilia degli jól, che Heðinn tornando a casa dalla foresta si imbatté in una strega che cavalcava un lupo e aveva per briglie dei serpi. Ella gli offerse la sua compagnia, ma Heðinn rifiutò. Ella allora lo minacciò con queste parole: «Me la pagherai», disse, «alla coppa del giuramento». La sera venne portato il cinghiale sacrificale e tutti dovevano formulare i voti. Essi stesero le mani e pronunciarono i voti sulla coppa del giuramento: fu in quel momento che Heðinn giurò di possedere Sváva, figlia di Eylimi, amata da Helgi suo fratello; subito però se ne pentì molto. Così s'incamminò per un sentiero selvaggio in direzione sud e incontrò Helgi suo fratello. Helgi lo accolse con calore: che notizie portava dalla Norvegia? Perché era venuto a trovarli? Heðinn riferì quale sciagura gli era accaduta: egli aveva giurato di possedere Sváva sua sposa.

Helgi rispose al fratellastro che non doveva preoccuparsi: un principe lo aveva sfidato a duello in capo a tre notti su un banco ghiaioso ed egli sentiva vicina la sua ora; perciò tutto sarebbe andato secondo il destino. Heðinn pensava che il fratello avrebbe dovuto arrossare su di lui la spada; Helgi tuttavia aveva parlato così perché sentiva giungere la sua ora; aggiunse anche che dovevano essere stati i suoi spiriti protettori a visitare Heðinn quando questi aveva visto la donna che cavalcava il lupo.

Il re che aveva sfidato Helgi era Álfr, figlio di Hróðmarr: essi dovevano battersi in capo a tre notti nel campo di Sigarr. Là infatti combatterono e Helgi fu ferito a morte. Egli allora mandò Sigarr a cavallo a cercare Sváva sua sposa, dicendole di venire in fretta se voleva trovarlo ancora in vita.

Quando Sigarr fece la sua ambasciata, Sváva con angoscia domandò che cosa fosse accaduto: era egli stato ghermito dal mare o morso da una spada? Ella disse che si sarebbe vendicata. Sigarr rispose rivelandole quanto era successo: Helgi era caduto presso Frekasteinn per mano di Álfr; questi, sebbene non meritevole, aveva conseguito la vittoria. Accorse dunque Sváva e Helgi ferito a morte la invitò a vincere l'angoscia di quell'ultimo incontro: non avrebbe dovuto piangere, ma piuttosto prepararsi ad accogliere Heðinn come sposo. Sváva tuttavia rifiutò: fin da quando Helgi le aveva donato l'anello nel Paese dell'amore ella aveva giurato che non avrebbe avuto altro uomo.

Così Helgi morì e Heðinn si congedò da Sváva chiedendole un unico bacio; inoltre giurò che non sarebbe tornato se non dopo aver vendicato Helgi, l'eroe.

Fonti e bibliografia

Il materiale molto ricco, ma non sempre omogeneo, da cui trarre notizie sulla mitologia nordica e sull'aldilà dei Vichinghi differisce per natura, rilevanza e cronologia.

Per quanto concerne le principali fonti in merito, bisogna ricordare che nel 1643 il vescovo islandese Brynjólfur Sveinsson rinveniva un manoscritto, databile intorno alla seconda metà del XIII secolo, nel quale un anonimo raccoglitore aveva riunito differenti carmi mitologici ed eroici per origine e natura. Egli attribuì erroneamente tale opera all'erudito Sæmundr il Saggio (1054-1133) e, giacché alcune parti dei carmi ivi contenuti erano citate nell'*Edda* prosastica di Snorri Sturluson, egli la ritenne antecedente a quella, dandole appunto il titolo di *Edda*.

Per distinguerla dall'altra essa viene abitualmente designata come *Edda* poetica, antica, (un tempo, appunto, di Sæmundr). Il manoscritto che contiene questi carmi viene indicato come *Codex Regius* (islandese Konungsbók) ed è attualmente conservato a Reykjavík.

Un buon numero di componimenti che per contenuto, stile e intento richeggiano i carmi eddici sono stati rinvenuti in altri manoscritti e vengono solitamente stampati assieme a quelli del *Codex Regius*. Altri sono contenuti in saghe leggendarie.

I carmi più propriamente mitologici, ossia quelli che si concentrano sulle figure e sulle vicende degli dèi e dei vari esseri sovrannaturali (giganti, nani, elfi, valchirie), appartenenti al *Codex Regius*, sono dieci: la *Predizione dell'indovina* (*Völuspá*), in cui si tratta della cosmogonia, della cosmologia e della fine del mondo; il *Dialogo dell'Alto* (*Hávamál*), carme composito nel quale Odino in prima persona dà voce alla propria saggezza ed esperienza alludendo a miti che lo riguardano; il *Dialogo di Vafþrúðnir* (*Vafþrúðnismál*), contesa verbale che ha per protagonisti Odino e il saggio gigante Vafþrúðnir e per argomento le origini del mondo, il suo ordinamento e il suo destino; il *Dialogo di Grímnir* (*Grímnismál*), in cui Odino, celatosi sotto la falsa identità di Grímnir («mascherato»), viene torturato tra due fuochi da re Geirrøðr e in tale contesto rivela la propria sapienza sul mondo degli dèi; il *Dialogo di Skírnir* (*Skírnismál*), in cui si narra il mito della passione del dio Freyr per la gigantessa Gerðr; il *Canto di Hárbarðr* (*Hárbarðsljóð*), in cui Hárbarðr (sotto le cui spoglie si nasconde Odino) e Thor si affrontano in un duello verbale con molti riferimenti ai miti (taluni dei quali rimangono però sconosciuti); il *Carme di Hymir* (*Hymiskviða*), in cui si racconta del viaggio degli dèi Týr e Thor presso il gigante Hymir; l'*Invettiva di Loki* (*Lokasenna*), nella quale Loki dà sfogo alla propria ribalderia lanciando accuse a tutti gli dèi e dee e alludendo a vicende in cui essi si sono coperti di disonore; il *Carme di Þrymr* (*Þrymskviða*), nel quale è narrato il mito del furto del martello di Thor, Mjöllnir, da parte dei giganti; *il Dialogo di Alvíss* (*Alvíssmál*), in cui il saggio nano Alvíss, interrogato da Thor per una notte intera, enumera i nomi delle diverse entità presso le stirpi che popolano il mondo (uomini, dèi, morti, giganti, nani, elfi).

A questi carmi vengono comunemente aggiunti: *I sogni di Baldr* (*Baldrs draumar*), in cui Odino, in seguito ai sogni angosciosi del figlio, si reca nel regno dei morti per interrogare una veggente sul destino che attende Baldr; il *Carme di Rígr* (*Rígsþula*), nel quale si fa del dio Heimdallr-Rígr il progenitore delle diverse classi sociali; il *Canto di Hyndla* (*Hyndluljóð*), che contiene numerose allusioni alle storie degli eroi e degli dèi: il *Canto di Grotti* (*Grottasöngr*), che è connesso al mito del mulino del cielo; e infine il *Canto magico di Gróa* (*Grógaldr*), che, insieme al *Dialogo di Fjölsviðr* (*Fjölsvinnsmál*), narra la storia di Svipdagr e Menglöð.

I carmi eroici, quelli cioè che, pur facendo ampio riferimento al mondo degli dèi e degli esseri sovrannaturali, sono invece incentrati sulle figure di esseri umani di cui si narrano le vicende o le imprese, sono, nel *Codex Regius*, diciannove. Essi possono essere enucleati attorno a tre tematiche principali: la drammatica vicenda del mitico fabbro Völundr; la figura dell'eroe Helgi Hjörvarðsson Uccisore di Hundingr; il ciclo mitico ed eroico dei Nibelunghi nel quale compaiono figure leggendarie come quella di Sigfrido (*Sigurðr*) e Brunilde (*Brynhildr*) o personaggi di sicura realtà storica quali Ermanarico (*Jörmunrekr*) e Attila (*Atli*). A questi carmi viene comunemente aggiunto il *Carme di Hlöðr* (*Hlöðskviða*).

Il testo dell'*Edda* poetica presenta vari problemi sia per quanto concerne la data di composizione dei singoli carmi (o anche delle differenti parti di un carme), sia per l'area nei quali essi si vennero formando, sia per il contenuto (caratterizzato da elementi arcaici e seriori, da influssi di culture diverse da quella germanica, come la celtica, la latina e la cristiana).

Il secondo libro che porta il titolo di *Edda* (titolo che specificamente gli appartiene, come è precisato in uno dei manoscritti che lo riporta, il *Codex Upsaliensis*) è un'opera prevalentemente in prosa, ma contenente molti versi dell'*Edda* poetica. Questo libro fu redatto, presumibilmente tra il 1222 e il 1225, dall'islandese Snorri Sturluson (1179-1241), uomo politico e letterato, figura tra le più importanti del medioevo scandinavo.

Il libro è concepito come un manuale per aspiranti scaldi, cioè per coloro che volevano dedicarsi a quel tipo di poesia detta, appunto, «scaldica», imprescindibile dalla conoscenza della mitologia. Sui racconti mitologici, infatti, è basata gran parte delle metafore (*kenningar*), peculiarità di quest'arte.

Una corretta valutazione dell'opera di Snorri come fonte di informazioni mitologiche deve necessariamente prendere in considerazione il fatto che l'autore era non solo un uomo molto dotto e che buona parte delle sue conoscenze proveniva soprattutto dalla tradizione orale, ma anche uno scrittore in un periodo in cui il cristianesimo si era ormai affermato in Islanda.

L'*Edda* di Snorri, detta anche prosastica o recente, è costituita da un prologo e tre parti.

La prima parte, l'*Inganno di Gylfi* (*Gylfag inning*), è la più interessante in merito ai contenuti mitologici. Vi si narra di un duplice inganno: quello di Gylfi, mitico re svedese conoscitore di magie, il quale travestitosi da vecchio era giunto nel Paese degli Asi per scoprire la fonte della loro saggezza e del loro potere; e quello degli Asi i quali, maghi a loro volta e più potenti di lui, lo avevano accolto in una dimora misteriosa, scomparsa nel nulla al termine del loro colloquio. Gylfi, intrattenuto da Odino, manifestatosi sotto triplice veste, interroga il dio sull'origine del mondo, il suo ordinamento, i grandi avvenimenti occorsi fra gli dèi, la catastrofe finale segnata nel destino.

La seconda parte dell'*Edda* di Snorri, chiamata *Dialogo sull'arte poetica* (*Skáldskaparmál*), fornisce una spiegazione dell'origine e del significato di molte *kenningar* (che resterebbero altrimenti inesorabilmente oscure) e dei cosiddetti *úkend heiti* (semplici denominazioni considerate tuttavia particolarmente «poetiche»). La finalità didattica, molto più evidente che nella prima parte, non ne soffoca tuttavia l'interesse.

La terza parte dell'*Edda* di Snorri, *Enumerazione dei metri poetici* (*Háttatal*), è più prettamente tecnica, poiché la componente mitologica è qui limitata alla presenza di talune *kenningar*.

Il patrimonio letterario della Scandinavia medievale è ricco e vario, dato che nei differenti generi che lo compongono si trovano frequenti allusioni e riferimenti all'antico credo pagano.

Le notizie sulla religione pagana della Scandinavia e le allusioni mitologiche vi compaiono sotto molteplici aspetti: di memoria genealogica, di vero e proprio fatto cronachistico, di elemento da additare come esempio negativo di sopravvivenza di un credo contrario alla fede cristiana.

È possibile far riferimento, ad esempio, al *Libro dell'insediamento* (*Landnámabók*), che dà notizie sui primi coloni (per lo più norvegesi) stabilitisi in Islanda tra l'874 e il 930; vi sono poi il *Libro degli Islandesi* (*Íslendingabók*) e l'*Heimskringla* di Snorri (contenente storie sui re svedesi e re norvegesi, nonché su alcuni dèi, quali primi dominatori scandinavi).

Davvero rilevante risulta il voluminoso lavoro di Saxo Grammaticus (1150-1216) dal titolo *Gesta Danorum*.

L'opera, scritta in latino, si compone di 16 libri e tratta della storia danese dalle origini fino al 1185 ca. Ricchi di materiale leggendario risultano soprattutto i primi nove libri, nei quali Saxo, basandosi su antiche fonti danesi e nord-occidentali (alcune delle quali sono oggi sfortunatamente perdute), narra la storia favolosa delle origini del regno danese.

In Saxo, dotto vissuto in ambiente cristiano e in un'area della Scandinavia assai esposta per evidenti cause geografiche a pressioni di differente natura e a mutamenti più rapidi che altrove, il materiale originario fu indubbiamente rielaborato come dimostrato dalla diversa e più «romanzata» versione del mito della morte di Baldr.

L'approccio evemeristico, comune sia a Snorri che a Saxo, nel tentativo di conciliare la mitologia pagana e la loro fede cristiana, riduce gli Asi e i Vani, le due famiglie divine della mitologia nordica, a popolazioni umane e mortali provenienti dall'Asia minore, che hanno goduto del loro status e del loro prestigio grazie alla loro cultura e alle loro arti magiche, come dimostrato dal fatto che gli dèi, i quali nei primi libri delle *Gesta Danorum* vengono definiti «superi», «divi», «dii», diventano, nel prosieguo della narrazione, addirittura «daemones».

Un genere letterario che godette di ampia e fortunata diffusione fu quello della saga, anche se sotto questa denominazione sono raccolti narrazioni di natura molto diversa, motivo che ne ha suggerito una più articolata suddivisione.

Le più interessanti dal punto di vista mitologico e leggendario sono le cosiddette «saghe del tempo antico» (*fornaldar sögur*), quali la *Saga dei Völsungar* (*Völsunga saga*), che riporta in prosa, con talune variazioni e aggiunte, le vicende di Sigurðr e dei Nibelunghi; la *Saga di Hrólfr*

[Magro come un] palo (*Hrólfs saga kraka*), incentrata – come la *Saga degli Skjöldungar* (*Skjöldunga saga*) di cui resta, oltre a qualche frammento, una versione latina di Arngrímur Jónsson – su personaggi mitici dell'antica Danimarca.

I temi ispiratori di questi lavori, e di altre famose saghe leggendarie (come la *Saga di Hervör* [*Hervarar saga*]; la *Saga di Gautrekr* [*Gautreks saga*]; la *Saga di Ragnarr Calzoni ispidi* [*Ragnars saga loðbrókar*] o la *Saga di Oddr della Freccia* [*Örvar-Odds saga*]), non sono tuttavia da ritenersi propriamente mitologici, perché, sebbene le figure divine o sovrannaturali agiscano spesso in prima persona, lo scenario appare umano, pur mantenendo i protagonisti un legame speciale con quelle forze che interferiscono, condizionandole, nella loro esistenza e nelle loro vicende.

Questi uomini, che nel rapporto costante con le entità divine vanno acquisendo doti e qualità superiori, si muovono in questi luoghi dai confini difficilmente individuabili nei quali il mito smarrisce gradualmente la propria compattezza strutturale, andando pian piano a confondersi nella leggenda e nella fiaba.

Incentrate per lo più sulle vicende dei primi coloni insediatisi in Islanda sono diverse saghe familiari, note appunto come «saghe degli Islandesi» (*Íslendinga sögur*). Più che notizie rigorosamente mitologiche, esse contengono numerosissimi riferimenti all'antica religione, al folclore e alla magia, come risulta dalla *Saga degli uomini di Eyr* (*Eyrbyggja saga*), dalla *Saga di Hrafnkell Sacerdote di*

Freyr (*Hrafnkels saga Freysgoða*), dalla *Saga di Egill* (*Egils saga*, da taluni attribuita a Snorri), dalla *Saga dei valligiani di Vatnsdalr* (*Vatnsdœla saga*), dalla *Saga dei valligiani di Laxárdalr* (*Laxdœla saga*), dalla *Saga di Víga-Glúmr* (*Víga-Glúms saga*), dalla *Saga di Erik il Rosso* (*Eiríks saga rauða*), dalla *Saga di Gísli* (*Gisla saga*), dalla *Saga di Grettir* (*Grettis saga*) e soprattutto dalla celebre *Saga di Njáll* (*Njáls saga*).

Il carattere di questi racconti è apparentemente quello di una cronaca; tuttavia un esame più approfondito ha evidenziato, oltre a diverse inesattezze storiche, contaminazioni fra i testi e manipolazioni letterarie, considerando dunque il fatto che la prima redazione scritta di queste opere avvenne a notevole distanza di tempo dal periodo in cui ebbero luogo gli avvenimenti in esse narrati.

Altri tipi di saghe, quali quelle a marcata ispirazione cristiana o quelle scritte a imitazione di racconti leggendari medievali, come le «saghe dei re» (*konunga sögur*), offrono spunti meno copiosi, sebbene non trascurabili.

Sempre restando nell'area scandinava, ma allontanandoci dall'ambito strettamente letterario, possiamo ricavare altre preziose informazioni sull'antica religione di quelle regioni da fonti di diversa e varia natura.

Molto rilevanti sono le raccolte di leggi. Davvero interessanti risultano non soltanto le norme giuridiche in riferimento al periodo pagano, ma pure i codici redatti in epoca ormai definitivamente cristiana. In essi i divieti concernenti molte pratiche, ritenute evidentemente contrarie alla nuova dottrina, dimostrano il perdurare di una fede radicata nella tradizione.

Tra le fonti indirette va annoverato inoltre quel materiale, spesso ricco e vario, ma al contempo difficilmente valutabile, proveniente dalla tradizione popolare e dal folclore, al quale appartengono proverbi, detti popolari, filastrocche, credenze superstiziose, danze, canzoni; parte delle antiche concezioni e delle storie del passato sopravvive in particolar modo nelle famose ballate scandinave diffuse in tutta l'area sin dal tardo Medioevo.

Mentre tutte le differenti fonti scandinave condividono il fatto di essere posteriori al periodo pagano, è possibile fare riferimento a due elementi assai utili per la conoscenza del paganesimo nordico che non solo risalgono per buona parte al periodo precristiano, ma hanno inoltre potuto sottrarsi a qualsiasi manipolazione: si tratta delle iscrizioni runiche, cioè di quei testi, per lo più assai brevi, redatti in un alfabeto di origine verosimilmente nordetrusca, diffuso in Scandinavia prima dell'introduzione della scrittura latina.

Le iscrizioni runiche, di cui restano ampie testimonianze soprattutto su pietra o metalli, compaiono in Scandinavia attorno al III secolo. I riferimenti all'antico credo che vi si trovano sono per la maggior parte di carattere magico: essi vanno valutati su base cronologica e in relazione all'area di ritrovamento. Va d'altronde rilevato che molte iscrizioni ci sono pervenute in forma frammentaria, il che aggrava i problemi d'interpretazione già di per sé notevoli.

Assai rilevanti per delineare un quadro degli antichi culti risultano pure i toponimi, in particolare quelli nei quali è stato possibile rilevare o ipotizzare il nome di una divinità. Un'analisi particolareggiata delle zone di diffusione di taluni tipi e delle più frequenti connessioni con le diverse designazioni dei luoghi di culto ha permesso non solo la conferma di dati forniti da altre fonti, ma anche il rilevamento di informazioni altrove taciute.

Gli antroponimi rappresentano delle fonti indirette di antiche concezioni, soprattutto quando avvalorano la predilezione e la venerazione per un dio col cui nome sono composti.

Gli elementi forniti dalle diverse fonti dirette o indirette debbono infine essere confrontati con i dati archeologici, i quali, purché correttamente valutati, sono molto utili in quanto caratterizzati da una rigida obiettività, e a cui bisogna aggiungere quelli provenienti dall'iconografia, la quale conserva memoria delle concezioni mitologiche del passato ben oltre il periodo della conversione al cristianesimo.

Per quanto concerne le opere degli autori cristiani, i quali, con la precisa finalità di favorire la diffusione della loro dottrina, compilarono vite di missionari o resoconti delle opere degli uomini della Chiesa, molto rilevante per i riferimenti al mondo scandinavo risulta l'opera di Adamo da Brema, *Gesta Hammaburgensis Ecclesiae Pontificum*, che è una fonte di grande importanza riguardo il paganesimo svedese, tenendo sempre in considerazione l'intento propagandistico di tali opere.

Inserendo lo studio della religione e della mitologia dei Vichinghi nella più ampia cornice della cultura germanica e in una dimensione possibilmente indoeuropea, varie informazioni sulla religione germanica (e di riflesso su quella scandinava) sono reperibili pure nell'opera di Tacito, *Germania* (98 d.C. ca.), la quale, basata a sua volta su un libro di Plinio il Vecchio (andato sfortunatamente smarrito), è da considerarsi di peculiare rilevanza. Un accenno al culto del sole fra le popolazioni scandinave è rintracciabile infine nell'opera di Pitea di Marsiglia che visitò la Norvegia, da lui chiamata Thule, nel IV secolo a.C., lasciandone tuttavia un resoconto (pervenutoci frammentario e attraverso diversi autori) di tipo prevalentemente geografico.

Dato che la bibliografia relativa agli argomenti trattati in quest'opera è davvero notevole, ci limiteremo qui a suggerire alcuni celebri autori di fondamentali testi di consultazione quali Gaiman, Turville-Petre, Branston, Burenhult, Davidson e Hilda, Friesen, Ellis Davidson, Grimm, Helm, Holtsmark, Chiesa Isnardi, Hoops, Mogk, Rydberg, Vries.

Fonti principali.

HEL: Völuspá, 36, 38-39, 66; Baldrs Draumar; Vafthrudhnismál, 43; Grímnismál, 31; Lokasenna, 63; Skírnismál, 35; Gylfaginning, 34, 51-53.

VALHALLA: Völuspá, 43; Hávamál, 148-50, 156, 158; Vafthrudhnismál, 40-41; Grímnismál, 8-10, 18-23; Gylfaginning, 17, 20, 24, 35-36, 38-41; Darradharliódh, 6; Eiríksmál; Hákonarmál; Ynglinga saga, 2, 6-8; Hárbarzliódh, 24.

CREPUSCOLO DEGLI DÈI: Völuspá str. 43; Hávamál str. 148-50, 156, 158; Vafþrúðnismál str. 40-1; Grímnismál str. 8-10, 18-23, 25; Helgakviða Hundingsbana II str. 49; Gylfaginning di Snorri Sturluson capp. 9, 17, 20, 35-6, 38-41, 49; Ynglinga saga di Snorri Sturluson capp. 2, 6-7.

SVIDPAGR: Grógaldr, Fjölsvinnsmál in Svipdagsmál.

HERVÖR: Hervararkvidha; Hervarar saga ok Heidhreks, 4.

IL DIO SACRIFICATO: Völuspá str. 31-5; Skírnismál str. 21-2; Lokasenna str. 27- 8, 49-50 e prosa finale; Baldrs draumar; Edda Kuhn pp. 316-7; Sigurðardrápa di Kormákr Ögmundarson str. 3; Húsdrápa di Ulfr Uggason str. 7- 11; Gylfaginning di Snorri Sturluson capp. 49-50.

IL DUELLO DI THOR CONTRO IL GIGANTE HRUNGNIR: Haustlöng di Þjóðólfr di Hvínir str. 14-20; Skáldskaparmál di Snorri Sturluson capp. 25-6. Hárbarðsljóð str. 14-15.

HELGI: Helgakviða Hundingsbana in fyrri; Helgakviða Hjörvarðssonar; Helgakvida Hundingsbana önnur; Völsunga saga capp. 8-9; Norna-Gests þáttr capp. 4-5.

Sommario

- **5.** Prologo.
- **19.** Hel.
- **31.** Valhalla.
- **37.** Crepuscolo degli dèi.
- **45.** Verso l'aldilà.
- **80.** Svipdagr.
- **93.** Hervör.
- **102.** Il dio sacrificato.
- **116.** Il duello di Thor contro il gigante Hrungnir.
- **122.** Helgi.
- **131.** Fonti e bibliografia.

On the cover: *Einherjar are served by Valkyries in Valhöll while Odin sits upon his throne, flanked by one of his wolves.* (Published c. 1905. Source: Doepler, Emil. c. 1905. Walhall, die Götterwelt der Germanen. Martin Oldenbourg, Berlin. Photographed by Haukurth and cropped by Bloodofox), in: https://commons.wikimedia.org/wiki/File:Walhall_by_Emil_Doepler.jpg

All the images used in this work are in the public domain and can also be used expressly for commercial purposes (updated to 27/07/2023).
Hermóðr di fronte ad Hel, in: https://commons.wikimedia.org/wiki/File:Hermod_before_Hela.jpg - Heimdallr che presidia l'ingresso al Valhalla in questo manoscritto islandese del XVII secolo, in: https://commons.wikimedia.org/wiki/File:AM_738_4to_Valh%C3%B6ll.jpg - Hel con il mostruoso cane Garm, in: https://it.wikipedia.org/wiki/Garmr#/media/File:Hel_(1889)_by_Johannes_Gehrts.jpg - Cavalcata delle valchirie, illustrazione del 1809, in: https://commons.wikimedia.org/wiki/File:The_Ride_of_the_Valkyrs.jpg - Thor raffigurato mentre affronta Miðgarðsormr, il serpente del mondo, in: https://commons.wikimedia.org/wiki/File:Thor_und_die_Midgardsschlange.jpg - Le norne tessono i fili del destino ai piedi di Yggdrasill, il grande frassino, in: https://commons.wikimedia.org/wiki/File:Nornorna_spinner_%C3%B6dets_tr%C3%A5dar_vid_Yggdrasil.jpg - Loki con una sua invenzione la rete da pesca (manoscritto islandese del XVIII secolo) in: https://commons.wikimedia.org/wiki/File:Processed_SAM_loki.jpg - Svegliati Gróa! Svegliati madre!, illustrazione di John Bauer, in: https://commons.wikimedia.org/wiki/File:Awake_Groa_Awake_Mother_-_John_Bauer.jpg - Hervör wakes her father Angantýr's ghost from his barrow to demand the cursed sword Tyrfing; illustration of the saga poem Hervararkviða, in: https://commons.wikimedia.org/wiki/File:Christian-gottlieb-kratzenstein-stub-hervor-henter-sv%C3%A6rdet-hos-angartyr.jpg - Il dio Baldr in un manoscritto islandese del XVII secolo, in: https://commons.wikimedia.org/wiki/File:S%C3%81M_66,_75v,_death_of_Baldr.jpg - Il castigo di Loki, incisione di Louis Huard, seconda metà del XIX secolo, in: https://commons.wikimedia.org/wiki/File:Louis_Huard_-_The_Punishment_of_Loki.jpg - Helgi_und_Sigrun_by_Johannes_Gehrts, in: https://commons.wikimedia.org/wiki/File:Helgi_und_Sigrun_by_Johannes_Gehrts.jpg - An illustration of Hermóðr riding to Baldr in Hel, from an Icelandic 18th century manuscript, in: https://commons.wikimedia.org/wiki/File:Treated_NKS_hermodr.jpg - Il dio Odino in trono con in mano la lancia Gungnir insieme ai lupi Geri e Freki e i corvi Huginn e Muninn. Illustrazione del libro Walhall di Felix e Therese Dahn, 1888, in: https://commons.wikimedia.org/wiki/File:Odhin_thron.jpg - Týr mette la mano nella bocca di Fenrir, in: https://commons.wikimedia.org/wiki/File:Tyr_and_Fenrir-John_Bauer.jpg - Fenrir incatenato, in: https://commons.wikimedia.org/wiki/File:The_binding_of_Fenris_by_D_Hardy.jpg - Thor slays Hrungnir, illustration by Ludwig Pietsch (1865) in: https://commons.wikimedia.org/wiki/File:Thor_und_Hrungnir.jpg - A feast in Valhöll, in: https://commons.wikimedia.org/wiki/File:In_Walhalls_Wonnen.png - Siegfried and the Twilight of the Gods in: https://commons.wikimedia.org/wiki/File:Siegfried_and_the_Twilight_of_the_Gods_Title.jpg - Title page of a manuscript of the Prose Edda, showing Odin, Heimdallr, Sleipnir and other figures from Norse mythology, in: https://commons.wikimedia.org/wiki/File:Edda.jpg

This work has an exclusively scientific and informative purpose. It does not intend in any way to violate copyright laws. All rights are reserved to the legitimate owners.

Printed by Amazon Italia Logistica S.r.l.
Torrazza Piemonte (TO), Italy

50535690R00087